재일(在日)을 산다

어느 시인의 투쟁사

제주학연구센터 제주학총서 49

재일在日을 산다

어느 시인의 투쟁사

김시종·사타카 마코토 지음
이창익 옮김

보고사
BOGOSA

▶ 일러두기

- 우리 독자들에게 생소한 인물이나 사건, 지명, 영상물 등을 설명하는 '역자 주'는 각 주로 표기하였다
- 한자의 병기는 오역하기 쉬운 단어나 인명, 문헌명에 기본적으로 한차례씩 표기하였다.
- 문헌명은 번역 문헌명과 원 문헌명을 『　』,「　」속에 차례로 표기하였다.
- 문헌명 외의「　」부호 사용은 강조나 단체명 등을 표기할 때 사용하였다.
- 일본어 가나 표기는 어휘 첫 음에 청탁음 구별을 하지 않고 평음으로 표기하였다.
- 내용 속의 조선(朝鮮)을 문맥에 따라 조선, 한국, 북한, 우리나라 등으로 구별하여 번역하였다.
- 내용 속의 조선어(朝鮮語)는 문맥에 따라 한국어, 우리말로 번역하였다.
- 재일조선인(在日朝鮮人)을 재일한국·조선인으로 번역하였다.

　내 생각으로 사타카 씨는 전후 일본의 역사 인식에 입각해서 평론을 계속해 온 양심의 발광체와 같은 사회평론가이다. 멀리서 우러러보기만 했던 그분과 뜻밖에도 이번에 함께 대담할 기회가 주어졌다. 대화의 묘수라고나 할까, 능숙하게 대담을 이어가는 사타카 씨의 맞장구에 이끌려 계속해서 다변을 늘어놓아 버린 것이, 이 특별한 느낌의 표제이기도 한 『재일(在日)을 산다 어느 시인의 투쟁사』이다.

　나는 꿈마저도 일본어로 꾼다. 그 정도로 긴 세월을 이 일본에서 살고 있다. 말하자면 일본어는 내 인생을 새기고 있는 음각과 같은 언어이다. 그럼에도 불구하고 일본어는 나에게 자유로운 언어는 아니다. 일본어를 익힌 경위가 운명처럼 이어지지만, 대를 이어 일본에 살고 있는 재일동포조차 자신을 속속들이 드러내는 데에는 매우 조심스러운 언어이다. 일본인의 이목을 끌지 못하면 우리 동포에게는 다다르지 못한다. 자신에게 얽힌 본심을 털어놓는 데에도 일본어로 해야 하기 때문에, 그에 상응하는 각오를 해야만 하는 '나'인 것이다.

　일본어가 갖는 개별적인 부자유스러움이 왠지 자기를 다스리는 규제이기도 해서, 세상에 드러내지 않을 것, 일본인에게 알려지면 부끄러워지는 것, 재일한국·조선인의 체면이 걸려있는 것 등은 있는 온 힘을 다해 스스로의 생각 깊숙이 넣어두었던 나였다. 예를 들면 자기 가족처럼 나에게 사랑을 준 김달수 선생님과의 관계도 일본어의 영역을 가지고 공공연히 세상에 드러낼 필요가 없는 것이었고, 조총련과 옥신각신하거나 북한에 대한 나의 간극도, 앞서 말한 바와 같이 일본인 눈에 띄어서는 안 된다고 줄곧 생각했던 일이었다. 미리 속속들이 간파당할 것을 알고 마주 앉았는데, 질문이 능한 사타카 마코토 씨의 논리정연한 포섭력으로 그의 유연한 힐문에 완전히 무방비한 상태로 대답해 버렸다. 잘못 말한 것도 있지만, 그것은 또 언젠가 정리해야 할, 예행연습이기도 했던 것이다. 역시 나는 대담 복이 있었다.

굽이굽이 돌아도 오직 한길. 요즘 끊임없이 내가 품는 감회이다. 인생은 짧다지만, 하루하루를 끝없이 이어오고 있는 내 인생은 어찌 이리 잡다하게 긴 것인지. 아무튼 꾸불꾸불한 긴 여정을 한 길로 걸어왔다. 사타카 씨와의 이 대화도 그 길을 가는 도중에 마주한 들판의 살랑거림 속의 한 컷이라면 너무 감상적일까. 그런 나이든 나에게, 사타카 씨는 함께 이야기 상대가 되어 주었다. 감사의 말씀 드린다.

2017년 11월
입동 날에 김시종

차례

제3장 사회주의와 기도

제4장 차별을 뛰어넘다

제5장 문학의 전쟁 책임

제6장 국가를 뛰어넘는 국가로

제 1 장

전전(戰前) 회귀의 기점(起点)

'전쟁에 져서 다행이다'

사타카 김 선생님은 1929년, 쇼와(昭和)로 치면 4년에 태어났네요.

김시종 예, 1월생이에요.

사타카 태어나기 2년 전인 쇼와 2년생으로 후지사와 슈헤이(藤沢周平),[1] 시로야마 사부로(城山三郎),[2] 요시무라 아키라(吉村昭)[3]가 있습니다.

김시종 모두 황국사관과는 거리가 먼 사람들이군요.

사타카 전후(戰後)는 그렇습니다. 그러나 시로야마 씨는 전시 하에서 황국사관에 푹 빠져 있었죠. 시로야마 씨와 요시무라 씨가 대담한 일이 있었는데 거기서 요시무라 씨가 '전쟁에 져서 다행이다'라고 했어요.

김시종 지금 같았으면 그 말은 상당한 물의를 일으켰겠지요.

사타카 그랬겠죠. 그런데도 도리어, 현 시대에 이상한 일이 벌어지

---

1) 1927~1997. 일본의 소설가. 본명, 고스게 도메지(小菅留治). 에도시대를 무대로 서민이나 하급 무사의 애환을 그린 소설 작품이 많다.
2) 1927~2007. 일본의 소설가. 본명, 스기우라 에이치(杉浦英一). 경제소설의 개척자이고 전기소설, 역사소설도 많다.
3) 1927~2006. 일본의 소설가. 1966년 『星への旅』로 다자이오사무상(太宰治賞) 수상.

고 있습니다.

그 대담 말인데요, 요시무라 씨에 대해 시로야마 씨가 '소년병이었던 자신은 그렇게는 말하고 싶지 않은 마음도 있지만, 져서 다행이다'라고 대답하고 있죠. 그 시대가 계속되었다면 여러 사람이 거만하게 굴었을 거라고.

'그 상태대로였다면 힘들었겠죠. 군인, 경찰, 마을 경방단장(警防團長), 애국부인회 회장, 재향군인회도 거만했겠죠.'

그러자 요시무라 씨가 '지금은 경찰관도 친절하잖아. "저기요" 하면서 오는걸'이라 응수하고, 시로야마 씨가 '옛날엔 기차에서 표 검사를 할 때, 승객은 피의자 취급을 받았죠' 하고 말을 이어갔죠. 이것을 읽었을 때, 아! 지금은 '져서 다행이다' 하고 말하는 사람들과 '아니다. 이번에야말로 전쟁에서 이겨야겠다'고 생각하며 그것을 선전하는 사람들의 투쟁이라고 느꼈습니다.

이번에야말로 전쟁에서 이겨야 해' 하고 생각하며 그것을 가지고 떠들어대는 사람들의 싸움이라고 생각했습니다. 지금은 안타깝게도 '져서 유감이다'라는 사람들이······.

김시종　그런 사람들이 공공연히 말을 들먹이는 시대가 되었죠.

사타카　새삼, 도리어 '져서 다행이다'라고 당당히 말해야 한다고 생각했어요.

김 선생님은 또 다른 견해를 가지고 계시리라 생각합니다만, 두 살 위 작가의 이 발언을 자신의 체험에 비추어 어떻게 받아들이셨습니까.

김시종　솔직히 말하면 나도 떳떳하지 못하죠. 즉 나는 조선의 식민지 치하에서 자란 사람치고는 더할 나위 없는 황국소년이었으니까요. 전후 시대를 겪은 시점에서, 두 선배님이 말씀하신 그대로지요.

삶의 방식, 역사 인식의 방식으로도 동의합니다. 그러나 뒤돌아보면 내가 열일곱 살 때 전쟁이 끝났는데, 나는 종전된 때인 '열일곱 살'에 집착하고 있습니다. 당시는 나이를 셀 때 지금처럼 만으로 세는 것이 아니라 태어나자마자 한 살로 세는 나이를 쓰던 시대라, 시대에 걸맞은 '열일곱 살'이었으니까요. 그 때문에 군인들이 큰소리치는 것을 당연하다고 생각했습니다. 거만하게 구는 것이 당연하다는 의식이 속속들이 내재해 있었죠. 경찰관도 천황의 지시를 국민에게 알리는 입장이었기 때문에 그 권위를 믿고 으스대는 것이 당연하다고 생각했어요.

전쟁 중에 그들이 거만했음을 안 것은 일본이 전쟁에 진 후, 내가 본연의 조선인으로 되돌아가려는 의지적인 작업을 하던 중에 알아차렸어요. 그래서 역사적 추이 속에서 '져서 다행이다'고 지금은 찬동하지만, 그와 동시에 정직하게 말하면, 소년 시절에는 생각조차 할 수 없는 가장 불충한 생각이기도 해서, 당시 외골수였던 자신이 역으로 어딘가에서 그 시절이 그립기도 하지요. 그런 복잡하고 떳떳하지 못한 면을 가지고 있습니다.

물론 절대적으로 선배님들의 말씀대로 '져서 다행'입니다만.

뼛속까지 밴 황국사관의 일본어

사타카　김 선생님보다 50일쯤 전에 도이 다카코(土井たか子)[1]가 태

어났어요. 도이 씨도 뼛속부터 황국소녀였다고 해요. '져서 다행이다'는 요시무라 씨의 발언과 김 선생님의 인식의 차이에는 우리들이 생각해야만 할 전쟁 체험의 다양성이 들어 있는 것 같습니다.

김시종　차이라기보다 거기에는 작은 공간만큼의 간격이 있다고 생각합니다.

　시로야마 씨나 요시무라 씨도 전쟁이 끝남과 동시에 '져서 다행이다'고 생각했을까요?

사타카　시로야마 씨는 곧바로는 그리 생각하지 않았겠죠.

김시종　조선인의 한 사람인 나로서는 지금이었다면 두말할 필요 없이 져서 다행이었겠죠. 그러나 부끄럽게도 나는, 8월 15일 천황 폐하가 직접 말씀하신 방송(玉音放送)에 얼마나 울었는지 몸을 부들부들 떨면서 통곡했습니다. 그 같은 열일곱 살 소년인 나 자신이 있었기 때문에 '져서 다행이다'라고 정직하게 말할 수는 없죠.

　이념적으로나 역사적으로도 아무 이의 없이 '져서 다행'이지만, 부끄러운 내 자신이 있다는 것입니다.

사타카　반대로 김 선생님을 떳떳치 못하게 했다는 것, 그것을 우리 일본인들이 어떻게 받아들일 것인지는 대단히 중요한 문제라고 생각합니다.

---

1) 1928~2014. 일본의 정치가. 일본 최초의 여성 중의원의장, 일본 최초의 여성 정당 당수.

그러나 한편으로, 지금 김 선생님도 떳떳지 못함을 느끼지 못할 만큼 전쟁에서 진 것이 싫었다고 말하는 사람들이 무서운 기세로 자기주장을 펴고 있죠.

김시종 그것은 이미 무서우리만큼의 큰 세력이지요. 단지 이제까지 전전의 자신을 뛰어넘는 것이 상당히 힘들었기 때문에, 나는 전쟁 체험이 좀처럼 과거완료형이 되지 못하고 있습니다. 어쩔 수 없이 일본에 와서 말을 구사하는 표현자로 살아보려고 하니 역시 일본어를 써야만 하죠. 일본어는 내 뼛속까지 배어있는 말입니다. 지금도 뭔가를 생각할 때는 가슴 속에서 소용돌이치고 있는 것을 일본어로 대조시켜 자신의 언어를 찾아내는 과정이 이루어지고 있어요.

나 자신을 만들어 낸 일본어로부터 거리를 두어야만 했어요. 거기서 멀어져야만 나는 해방될 수 있었지요. 말이란 인간의 의식 그 자체이고 내 의식의 기저를 이루고 있는 그것은 일본어입니다. 그것도 황국사관을 철저하게 찬미하는 일본어였어요. 매우 정감적인 일본어입니다.

일본어의 동요라고 부르는 것, 창가(唱歌)라고 부르는 것, 그리고 서정가(抒情歌)라고 부르는 그리운 노래, 정말 모두 좋은 노래입니다. 그것을 일본인은 모두 군가와 동시에 불렀어요. 성전(聖戰)이라고 불렀던 전쟁에, 전면에 나서서 협력했던 것도 시를 쓰는 사람들이었습니다. 한편에서는 마음을 정화시킬 듯한 노래를 소중히 다루면서 전쟁 협력을 잘해냈죠. 다이쇼(大正) 말기에서 쇼와 초기에 걸쳐 일본의 동요는 전성기였는데, 당시에는 동요도 거의 시인이 썼어요.

반동 격류의 기점은?

사타카 초반부터 저 같은 사람이 간단히 대답할 수 없는 김 선생님
의 깊은 정신사(精神史)를 말씀해 주셨는데요.

김 선생님의 마음속에서 '져서 다행이다'라고 간단히 잘라 말할
수 없는 것은, 전후 자신의 내면 깊숙이 자리 잡고 있던 일본어,
일본적 정감, 일본적 지배 구조를 대상화하는 데 너무나도 많은
시간이 걸렸다는 것이죠?

김시종 그렇습니다. 나는 사범학교에 다녔어요. 아버지가 사범학
교에 들어가면 군대에 끌려가지 않는다고 듣고 와서, 그래서 학교
에 들어갔어요. 하지만 결국 1년 앞당겨 징집 명령이 떨어지고,
거의 모든 사범학교 학생이 지원병이나 해군비행예과 연습생(豫科
練)[1]으로 갈 수밖에 없게 되었어요. 실제로 저도 그럴 생각이었습
니다. 그때는 혈기왕성한 기분으로, 가미카제 특공기는 일본 남아
의 숙원이라 생각하고 있었습니다. '져서 다행'이라고 생각하게 된
것은 종전 후 얼마 안 되어, 일본의 식민지 통치지배가 얼마나 가혹
했었는지를 배우면서부터예요. 그리고 일본의 식민지 통치지배로
부터 해방되어 다행이라고 생각하게 된 것이죠. 식민지라는 단어
자체도 전쟁이 끝나고 나서 들은 단어였으니까요.

사타카 지금 모리토모학원(森友学園)이 상징하는 것처럼, 비뚤어진
내셔널리즘을 고취시켜 기세등등한 사람들을 보면, 김 선생님의

---

1) 구 일본 해군의 소년 항공 요원 지망생.

마음속에 되살아나는 것이 있지 않을까요?

김시종　그것은 당연히 저의 생리적인 반응으로 나오지요. 섬뜩하고 무서워요. 정말로 소름이 끼쳐요. 일본인 의식의 기저에 자리 잡고 있던 것들이 드디어 세대를 이어 공공연히 흘러나오는 느낌입니다. 모리토모학원은 커다란 사건이 되었지만, 실은 그 이전부터 교육칙어[1]를 의무교육의 덕목으로 재생시키려는 움직임이 10년, 20년 전부터 있었지요. 아베 총리는 앞장서서 기수 역할을 한 사람이었잖아요.

사타카　'새로운 역사교과서를 만드는 모임'을 만든 것이 1997년. 같은 해 일본회의(日本会議)도 설립되고, 아베신조(安倍晋三)를 비롯한 젊은 의원들 모임이 『역사교과서에 대한 의문』을 간행하고 있었어요. 국기국가법(國旗國歌法) 성립이 1999년. 이때 즈음이 지금에 이르는 반동 격류의 하나의 기점이었다고 말할 수 있죠.

김시종　일본에는 축구 클럽이 1부 리그, 2부 리그가 있죠. 대표팀은 '사무라이 블루'라고 부르고, 응원할 때에는 '일본, 일본'을 연호합니다. 야구선수들도 '사무라이 저팬'이라 부르죠. 나는 '사무라이 블루'나 '사무라이 저팬'이라 부를 때부터 너무 꺼림칙했습니다. 사무라이에 대한 동경은 말 그대로 역시 군국주의거든요.

---

1) 1890년에 발표되었고 제2차 세계대전 전에 일본 도덕교육의 근간이 된 칙어. 칙어란 천황의 '말씀'을 문서로 공식화한 것으로 전후에 폐지되었다.

사타카 예전의 사무라이는 군인의 비유가 되었고, 그것이 지금은 스포츠 선수의 호칭이 되고 있죠.

'사무라이 저팬'의 정신 풍토 ⎯⎯

김시종 그런 셈이죠. 일본 국민 모두가 성(姓)을 가지게 된 것은 메이지유신(明治維新) 이후죠. 그때까지 성을 가지고 칼을 찬 것은 사무라이와 일부의 부농 정도였어요. '사농공상'이라는 신분제도가 철저했던 것은 도쿠가와 막부(德川幕府)부터 메이지유신까지에요. 메이지유신은 사농공상이라는 신분제도를 없앴다고 했지만 그것은 표면적인 것이고, 천황의 방패막이를 하는 군인이 가장 상위 계급이 되었죠.

메이지 천황제 아래서 국민개병제(國民皆兵制)가 되었을 때, 하층민이 고마워한 측면도 있죠. 즉 '농민인 우리들이 사무라이가 되었다'고 감격의 눈물을 흘리고 징병을 받아들인 것이지요.

'무사도란 죽는 것임을 깨달았다(武士道とは死ぬことと見つけたり)'는, 결국 사무라이는 주군을 위해 죽는 것을 본분으로 삼은 가신의 총칭입니다. 메이지 이후 특히 전쟁 중에는 그것이 그대로 '천황을 위해 죽는 것'이라는 식으로 이어집니다. 그리고 70년이 지난 지금도 사무라이라고 하지요. 이것은 DNA처럼 이어져 내려온, 실로 뿌리 깊은 향수가 아닐까요.

사무라이에게는 무례하게 구는 서민을 칼로 벨 수 있는 특권이 있었고, 서민은 죽임을 당해도 호소할 수도 없었습니다. 아코번(赤穗藩)[1]은 소금을 생산하고 쌀도 5만 석이라고 하니 상당히 윤택한 생활을 했던 것 같지만, 그 같은 아코번도 사무라이는 4백 명을 밑돌았다고 해요. 3백 수십 명이 5만 석의 영지를 맡고 있었죠. 평민은 숨도 쉴 수 없는 상태입니다. 즉 사무라이라는 것은 아주 비뚤어진 특권계급인 것이죠.

그러나 아직까지도 사무라이 정신이 이어지고 있습니다. 일본 축구 대표팀의 애칭으로 남자는 '사무라이 블루'라 하고, 여자는 '나데시코 저팬'이라고 부릅니다. 이것도 향수지요. 전쟁 전과 전쟁 중에 여학생을 동원할 때, 그녀들을 패랭이꽃에 비유하여 나데시코(撫子)라 불렀어요. 야마토 나데시코(大和撫子)는 웃는 얼굴로 자기 연인을 전쟁터로 보내고 그가 유골이 되어 돌아왔을 때도 눈물을 보이지 않고 씩씩하게 받아들이는데, 그것을 야마토 나데시코라 했어요.

'나데시코 저팬'으로 널리 알려진 여자 축구팀이 2011년 월드컵에서 우승한 일이 있었어요. 사와 호마레(澤穂希) 선수를 비롯하여 월드컵 때 뛰었던 많은 선수가 INAC고베(神戸)에 소속되어 있었죠. INAC고베라는 축구 클럽의 오너는 문홍선이라는 재일동포로, 제가 관여하는 코리아국제학원의 초대 이사장입니다. 그는 수억을 들여 선수를 돌보고 밥을 먹였고, 이제야 겨우 INAC고베의 오너가 재일 사업가라는 것이 알려지게 되기는 했습니다. 그것을 알면서 '나데시코 저팬'이라 떠들어대고 있으니 얼굴이 굳어집니다.

교육칙어를 어린 유치원생들에게까지 거리낌 없이 암송시키는 사례는, 전전의 일본을 그리워하는 정신 풍조가 거기까지 미치고 있다

---

1) 하리마국 아코군(播磨国赤穂郡), 현재의 효고현(兵庫県) 아코시, 아이오이시(相生市), 가미고리초(上郡町) 주변의 영토를 가진 번(藩). 번 청은 가리야(加里屋)의 아코성(赤穂城).

는 뜻이기도 합니다. 아베 총리가 전전으로의 회귀를 공공연하게 내비쳐도, 이미 거부반응이 없는 사회가 되어 있다는 뜻입니다.

교육칙어를 수평사선언으로 독파한다 ─────

사타카 사무라이 정신이라는 것만큼 비인간적인 것은 없어요. 사무라이 중에는, 주군을 위해 목숨을 건다고 하여 독의 유무를 검식(檢食)하는 직책도 있었어요. 또 대의명분을 내세우면서도 여차하면 민중을 버리고 도망치죠. 만주의 관동군도 실제로 그랬습니다. 하지만 그것이야말로 군대의 본질입니다. 그리고 그 군인들이 한반도에서 또한 중국 대륙에서 어떻게 했는지.

'져서 유감이다'라고 말하는 사람들은 그와 같은 무사적 군대라는 사실에는 전혀 눈을 돌리지 않고 다시 한번 전전으로 되돌리려 하고 있어요.

김시종 모리토모학원 이사장이 국회에 증인으로 나와서 말하는 것을 보니 앞뒤가 안 맞는 사람처럼 보였어요. 저런 사람은 해서는 안 될 일을 했다는 의식이 없는 거예요. 아시아 해방을 위해 일본은 3백만 명 이상이나 목숨을 희생했다고 말하고도 부끄러워하지 않는, 명망 있는 국가주의자들에게 동조한 행위이기 때문에 애당초 해서는 안 될 일이라는 생각을 하지 못하는 사람들이죠.

전후 평화헌법에 따른 민주주의 교육이 전전의 교육을 일신했다고 생각했지만, 지금의 아베 총리에게서 보듯, 전전 회귀로 역류하는 것은 소위 전후 자민당 정권의 승리라고도 말할 수 있겠죠.

나는 효고현(兵庫県)에 있는 일본의 공립 고등학교에서 15년 간 교사로 근무했기 때문에 일본인 교원들을 많이 만나왔어요. 하지만 학교 교육에서, 일본 근현대사의 역사적 사실이 밝혀진 것은 단 하나도 없었죠. 일본이 왜 전쟁을 하고 왜 전쟁에 졌는지, 거의 모두가 모르고 있고 알려고도 하지 않아요. 그처럼 알게 하려고 하지 않는 교육을 펼쳐 온 것이 전후 자민당 정권인 것입니다.

사타카 　전후 교육의 하나의 약점에 대해 스미이 스에(住井すゑ)[1] 씨가 세찬 말씀을 하고 있고, 저는 그 말이 머릿속에서 떠나지 않습니다. 그것은 즉 교육칙어를 수평사선언(水平社宣言)으로 독파(讀破)하는 교육을 하지 않았다는 것입니다. 즉 교과서 한 페이지에 교육칙어가 있으면 그 옆에는 수평사선언을 넣어야 한다고 말합니다. 전후 교육은 좋은 것만 가르쳐 온 측면이 있어서, 이 때문에 정말로 반동조류(反動潮流)[2]의 진정한 공포나 그에 맞서는 시민적 권리의 소중함을 이해할 수 없게 되어버린 건 아닐까요?

김시종 　일본에서 제일 큰 도시부락(都市部落)[3]이라고 하는 고베시(神戸市) 나가타구(長田区)의 반초지구(番町地区)에 운하를 사이에 둔 학교가 주간에는 유명한 효고고등학교(兵庫高校)인데, 야간에는 완전히 다른 정시제[4]인 미나토가와고등학교(湊河高校)가 됩니다. 나

---

1) 1902~1997. 나라현(奈良県) 출신 소설가. 대표작은 『다리 없는 강(橋のない川)』으로 피차별 부락 출신은 아니지만 부락차별에 대해 관심을 가졌다.
2) 역사적 조류에 역행하여 사회의 진보와 발전에 역행하는 일.
3) 도시 일부에 형성된 피차별 지역.
4) '전일제'의 반대로 주간, 야간, 계절 등의 특별한 시간 혹은 시기를 이용한 수업.

는 사회교사로 이곳에 부임했어요.

피차별 부락 출신 학생들이 조선인을 업신여기는 것은 아주 평상적인 일이었어요. 조선인에 대한 '차별이다'라고 말하지만 그것은 멸시인 거예요. 차별은 보다 약한 곳으로 밀려가는 특질을 가지고 있다고 하는데 부락 사람들 또한 조선인을 악의적으로 말해온 겁니다.

혐오 발언(Hate Speech)에 대한 무력감 ——

김시종 수업도 엉망진창이 되고 내가 왜 이런 곳에서 견뎌야만 하는지 노트를 내동댕이치고 그만두겠다고 생각했던 적이 한두 번이 아니었습니다. 그러나 내 책상 위의 투명 시트 밑에는 수평사선언(권말 자료로 게재)이 놓여 있었어요. '세상에 열정이 있어라, 인간에게 빛이 있어라'. 그것을 읽으면 역시 마음이 정화되지요. 차별 사회의 현실에 가장 먼저 눈을 떠야 할 사람들의 후손들이 가장 멋모르는 상황으로 내몰리고 있어요. 내가 미나토가와고교를 골라서 간 것도 밑바닥 인생을 살아가는 젊은 아이들과 만나고 싶다는 생각에서였어요. 그것이 더 이상 눈 뜨고 볼 수 없을 소동에 맞닥뜨린 것이지요.

수평사선언은 중학교 교과서에 꼭 실려야 한다는 것이 일찍부터 생각해 온 나의 지론입니다. 그것은 너무나도 훌륭한 시(詩)입니다.

사타카 김 선생님 말씀을 듣고 있으려니 차별의 중층성이라는 것을 더욱 무겁게 느끼지 않을 수 없습니다. 미나토가와고교 교사시절의 이야기는 또 다음 기회에 천천히 듣고 싶습니다. 그런데 지금의 일본으로 눈을 돌리면 지난 몇 년간, 재일한국·조선인들의 집단 거주지역인 쓰루하시(鶴橋)에서도 재특회(在特会, 재일 특권을 허용하지 않는 시민들의 모임)가 혐오 발언을 하는 형국이 되었네요.

김시종 일본의 양식 있는 시민들이 맞서서 대책을 강구하고 있고, 법 정비를 조금씩 하기 시작해서 이전만큼 심하지는 않아요. 그렇지만 용서할 수 없는 행위입니다. 내가 가장 걱정한 것은, 우리 동포 중 누군가가 그 배외주의자(排外主義者)들을 공격하면 어떡하지 하는 것이었습니다. 그 일을 가장 걱정했어요. 정말이지 차마 들을 수가 없습니다. 속이 뒤틀리죠. '구더기' '이 바퀴벌레 같은 놈', '짓밟아서 입에 처넣어 줄까'라는 말을 하죠. 또 가방을 든 화이트칼라들이 대열에 있어요.

저들 앞에서 나는 완전히 무력감에 빠집니다. 말로 해서 통할 상대가 아니에요. 나는 김희로(金嬉老) 사건[1] 때도 말했지만, 제 사고 속의 테러리즘이 고개를 쳐듭니다. 그러나 그것은 차별을 선동하는 자들의 계략에 빠지는 것이니까요. 방법은 하나. 현장에서 멀리 떨어져라. 양식 있는 일본인들이 방패막이가 되어 줄 테니까 하고 젊은 사람들에게 말해 왔어요. 뭔가 사건이 터지면 경찰은 이쪽을 잡아가지요.

---

1) 김희로(1928~2010)라는 이름은 원래 권희로이고, 재일한국인 2세이다. 일본인 조직폭력배와 말싸움하던 중, "조센진, 더러운 돼지새끼!"라는 욕에 격분하여 2명을 살해했다. 사건 후 경찰과 대치 당시, "경찰관의 한국인 차별을 고발하기 위해 사건을 일으켰다"고 주장하며 고위 경찰관과 해당 경찰관의 파면을 요구했다. 24년간 최장 기수로 복역했고 복역 중 모범수로 인정받았으나 가석방에서 제외되었다. 출소 후 1999년 한국으로 돌아왔다.

사타카　저는 「극복해요네트」(혐오 발언과 인종주의를 극복하는 네트워크)의 공동대표가 됐는데, 그것을 맡은 이유 역시 일본인으로서 부끄럽다는 생각과, 오랫동안 관계를 이어온 신숙옥(辛淑玉)이라는 동지적 존재에 대한 연대감에서였습니다.

일본인 선수 자격으로 금메달을 딴 손기정 ———

사타카　제가 강연에서 자주 얘기하는 것은 2000년 시드니올림픽 여자 마라톤에서 다카하시 나오코(高橋尚子)가 우승했을 때, 64년 만의 일본인 선수의 우승이라고 했습니다. 64년 전인 1936년 베를린올림픽에서 우승한 것은 누구냐는 것입니다.

김시종　손기정이죠.

사타카　말씀하신 대로 손기정입니다. 그는 식민지 지배하의 조선의 고등학교에서 연습을 거듭하여 베를린올림픽 일본 대표가 되었죠.

김시종　『동아일보』가, 가슴에 달고 있던 일장기를 삭제한 손기정의 시상식 사진을 게재하고, 그것을 게재한 기자와 관계자는 특고(특별고등경찰)에 체포되어 신문사에서 쫓겨났어요. 나는, 손기정은 한·일 모두가 자랑스럽게 생각해야 한다고 생각합니다.

　1936년 베를린올림픽에서 금메달을 딴 마라톤 선수는 손기정으로, 당시 조선은 식민지 지배를 받고 있었기 때문에 일본인 신분으로 대회에 출전한 고뇌의 선수였음을 이해하여 두 나라에서 자랑스러워해야 한다고 생각하죠.

사타카　베를린올림픽 회의장에 우승자 이름이 새겨진 기념비가 있는데, 그 후 1970년에 한 한국인이 JAPAN을 KOREA로 고쳤어요. 저는 손기정 본인이 JAPAN은 싫다고 했기 때문에 KOREA로 해도 괜찮다고 생각하지만, 그것을 JOC(일본올림픽위원회)는 JAPAN으로 고치라고 하죠.

김시종　아마 다시 JAPAN으로 고쳤을 겁니다. 베를린올림픽 당시는 영국을 비롯하여 식민지를 영유하는 선진국이 많았으니 이것은 일본만이 취하는 강경 자세는 아닙니다만. 단지 일본처럼 철저히 말까지도 **빼앗아** 버리는 짓은 정말이지 다른 서구 제국은 하지 않았어요.

사타카　원래 애국이란 것은 얄팍하고 배외적인 것이라고 생각합니다만, 모리토모 같은 사람은 '위로부터' '밖으로부터'겠죠. 위로부터, 밖으로부터 강제로 밀어붙인 내셔널리즘입니다.
　김 선생님은 일본어와의 갈등이 가득찬 관계가 있으니 단순하게는 말할 수 없겠지만, 저는 2015년, 미국 의회에서 아베가 서툰 영어로 연설했을 때, 왜 일본어가 아닌 영어로 했느냐고 비판했어요. 이것은 내셔널리즘으로 말하는 것이 아니에요. 한국 대통령이 일본에 와서 일본 국회에서 일본어로 연설했다면 한국에 돌아갈 수 없을 것이라 생각해요. 일본에서는 아베 총리의 연설은 유창한 영어였다고 칭찬하기도 합니다.
　그런 내용을 썼더니, 민감하게 반응한 사람은 오키나와 선거구의 중의원 의원인 데루야 간토쿠(照屋寬德) 씨였어요. 간토쿠 씨가 질문주의서(質問主意書)를 국회에 제출했어요. 아베 총리가 연설을 어디서는 영어로 하고 어디서는 일본어로 하는 것인지를 물었어요. 돌아온 답변은 아시아에서는 일본어로 하고 있다는 것이었어요.

김시종　더더욱 기가 막힌 말이네요.

근대 일본어는 조선인을 식별하는 언어　――

사타카　영어교육자이자 통역인인 도리가이 구미코(鳥飼玖美子) 씨에게 그 말을 하자 일본인은 말을 빼앗긴 적이 없기 때문에 모르는 것이라고 합니다. 오키나와는 말을 빼앗겼어요. 그리고 이것은 좀 가벼운 이야기이인데, 저는 도호쿠 지방(東北地方) 출신이어서 즈즈벤[1] 사투리 콤플렉스가 있어요. 표준어에 대한 (열등감에) 시달려왔음을 실감해요.
　김 선생님은 아주 사무치는 언어 체험을 해 왔기 때문에 보다 깊이 일본어를 관찰하고 계실 것 같은데요.

김시종　도쿠가와 막부 당시 60여 주로 나뉘어 있어서 각 지방어가 있었던 것 같아요. 그러나 메이지 이후 근대화 속에서 상의하달의 필요에 따라 표준어 - 나는 교과서 언어라 말해왔습니다만 - 를 보급시키기 위해 말을 도태시켜 버렸던 거죠.

---

1) 일반적으로 일본 도호쿠 지방 방언의 속칭.

일본어는 문법적으로는 한국어와 거의 같고, 우선 모음의 비중이 큰 것도 비슷합니다. 그렇지만 일본어는 모음 하나에 자음 하나밖에 붙지 않는 말이어서 모두가 모음으로 끝나는 말이지요. 그러나 교과서 언어가 널리 쓰이자 일본의 기본모음 「아이우에오(あいうえお)」 다섯에, 중음(重音)모음 「야유요와(やゆよわ)」를 넣어 9개가 되는데, 음성모음은 두 개밖에 없습니다. 「에(え)」와 「우(う)」뿐입니다. 그러나 「에」도 「우」도 비교적 밝고 맑게 울리는 음성모음입니다. 그러므로 근대 이후의 일본어는 밝고 맑은 음만을 뽑아낸 언어가 되었습니다.

조선인은 일본인으로부터 차별받았다고 말하지만, 내 견해로는 언어 선별이 고루 미쳤다는 말이기도 해요. 굳이 말하자면, 인간은 크게 다른 것에는 너그러워요. 작은 차이가 못 견디게 신경 쓰이죠. 조선인은 일본에 와서 오랫동안 살고 있는데 몇 년이 지나도 일본인의 귀에 거슬리는 일본어를 쓰는 탓이죠. 근대 일본어란 우선 조선인을 식별하는 데 유효하게 작용한 말이었습니다. 일본인에게는 없는 조선인의 음향과 억양이 귀에 거슬리는 겁니다.

한국어의 경우, 기본모음만도 일본어의 두 배나 되고 그 반을 음성모음이 차지합니다. 「아(あ)」가 대표적인 양성모음이라는 것은 대표적인 음성모음도 있다는 것인데, 일본어에는 그 대표적인 음성모음이 없습니다. 인종, 민족을 불문하고 이 세상에 태어난 갓난아이가 처음으로 내는 음은 대표적인 음성모음입니다. 「에(e)」를 거꾸로 돌려놓은 것 같은 발음기호 「어(ə)」로 나타내는 발음입니다. 이 음은 극히 자연스럽게 입을 연 상태로 성대를 울려서 내는 음입니다. 「아」는 입을 상하로 크게 벌려 내는, 훈련을 필요로 하는 음입니다. 극히 자연스럽게 입을 반쯤 벌린 상태로 성대를 울리면 음성모음 「어」가 됩니다. 아(あ)와 오(お)의 중간음 같은 느낌이고, 이것이 인종과 민족을 불문하는 모음입니다.

일본어는 교과서 언어를 만들 때부터 대표적인 음성모음을 없애 버렸습니다. 그러나 일본의 지방어에는 원래 음성모음이 많이 있 었습니다. 그러므로 일본어를 빼앗긴 적이 없다는 것은 어떤 의미 에서 한 면만을 보는 시각일지도 모르겠습니다.

차별 아닌 '멸시'

사타카　요컨대 근대화 과정에서 일본어 역시 통합되어갔군요.

김시종　그렇습니다. 지방 사람들은 중앙에 대한 동경과 두려움을 가졌죠. 자신이 쓰는 말을 열등하다고 생각하여 더욱 중앙을 우러 러보게 되었던 것이죠. 일본어를 열린 언어로 하려 했다면 메이지 유신 이후, 메이지 천황제 하에서 정해진 일본어 50음도에 음의 영역을 넓히는 연구를 해야 했겠죠. 즉 공생시대란 귀에 거슬리는 음과의 공유, 공생이기도 하니까요.

사타카　그 말은 근대 일본어는 교과서 언어인 데다 제국의 언어이 기도 해서, 때문에 폐쇄성이 있다는 것이군요.

김시종　바로 그렇습니다. 순혈주의와 같은 면이 있어서 가라앉는 느낌의 음은 싹 걸러냈던 것입니다.

사타카 일본은 아시아를 무시하고 인간적인 것을 구속했어요. 교과서 언어는 또한 군대 언어이기도 해서 사투리를 없애버린 것이지요. 일본이 식민지 사람들에게서 언어까지 빼앗았다는 것은 서구 제국주의 이상의 지배의 관철이지요.

김시종 인간을 개조하는, 일본인화하는 방법으로 가장 유효한 것이 언어라는 사실을 잘 알고 있었던 것이지요.

사타카 EU는, 통화(通貨)는 통일했지만 언어까지는 통일하지 못했어요. 국제회의 같은 데서도 큰돈이 드는데도 통역을 많이 쓰고 있죠. 유럽은 최소한, 무엇과도 바꿀 수 없는 언어의 지역적 중요성을 이해하고 있었던 것이죠.

김시종 언어는 의식인 동시에 문화를 만들어내고 키우고 넓히고 전달해 갑니다.

사타카 결국 생활 그 자체로군요. 지금의 모리토모적 애국심은 거기에 바탕을 두고 있지 않고요.

김시종 말씀하신 대로입니다.

사타카 거기에 바탕을 두고 있었다면 아베가 사용한 영어에, 틀림없이 저보다 격렬하게 반발했을 텐데요. 생활에 바탕을 둔 촌스러운 내셔널리즘은 만만치 않은 면이 있습니다. 그러나 반복해서 말하지만 그들의 내셔널리즘은 어디까지나 위로부터, 밖으로부터 주어진 것입니다.

역설적인 표현이겠지만, 아베나 모리토모에 반발도 하지 않는게 무슨 애국심인가 싶죠.

김시종 모리토모의 이사장이 보여준 것 같은 내셔널리즘의 특징이 란, 군국 일본을 돌이켜 본 적도 없는 사람들이 전전의 일본을 그리워하고 있는, 전전의 늠름한 일본, 그때로 회귀하는 것, 그 자체가 애국이라는 생각에 빠져 있죠.

또 언어 문제로 되돌아갑니다만, 관동대지진 때 조선인 학살이 벌어지고 도호쿠 지방 등 지방 출신 일본인도 몇 명인가 살해되었다고 합니다. 자경단(自警團)[1]은 "주고엔 고줏센이라 말해봐(十五円五十銭と言ってみろ)"라고 물어 조선인을 식별했는데, 더듬거리는 말투의 도호쿠 지방 사람도 그 발음을 할 수 없었기 때문입니다.

한국어는 어두에 탁음이 오는 습관이 없어요. 예를 들면, 「덴와(電話)」라는 말도 「텐와」가 되죠. 옆에서 그것을 듣는 일본인의 귀에 거슬린다고 지적받죠. 「t」, 「d」는 혀끝을 윗니 아랫부분에 대었다가 뗄 때에 나오는 소리입니다. 똑같이 윗니 아랫부분에 대었다가 떼는 소리가 「n」음인 것이죠. 나니누네노(なにぬねの)입니다. 그래서 나이 든 사람은 「텐」이라는 청음을 탁음에 가까운 음으로 부드럽게 발음하기 위해 모두 「넨와(ネンワ)」로 발음한 것입니다. 텐와보다 넨와가 울림이 부드럽죠.

이 탁음으로 조선인이 꽤 식별되었죠. '차별을 없애자'란 널리

---

1) 권리 침해의 요소가 강하게 상정됨직한 장소 등에 대해, 사법수속에 의하지 않고 스스로 실력행사를 하여 자기 자신 및 공동체 권리를 유지·확보하기 위해 결성된 조직(사설군대, 민병대) 및 그에 준한 방범조직.

퍼지고 있는 인권 의식입니다만, 생활문화 면에서 생각하면 의식적으로 조선인을 식별하는 밑바탕이 일본에서는 멸시가 되어 널리 퍼져 있어요. 민족 차별이 아니라 민족 멸시인 것입니다.

순혈 언어의 배타성 ──

김시종　저 같은 사람은 일본어 어휘를 나름대로 가지고 있죠. 그렇지만 일본인을 접할 때, 일본인은 내 말에 깜짝 놀라서 다시 쳐다봐요. 예를 들면 나보다도 서툴게 떠듬거리는 일본어를 구사하는 미국인 쪽에 오히려 친근감을 갖는 겁니다. 그 말은, 크게 다른 것에는 관대하다는 것과 관계가 있습니다만, 아무튼 재일한국·조선인이 천대받아 온 그 이면에, 이 귀에 거슬리는 말투도 작용하고 있습니다. 용모 차이는 별로 없는데 말을 하면 발음이 이상하다면서.
　여기에 통일 언어, 교과서 언어 그리고 순혈 언어로서 일본어의 배타성이 숨어 있습니다.

사타카　메이지 이후 일본의 권력은 그와 같은 통일 언어로 일본어를 개조해 나갔다는 것이군요.

김시종　정말로 뛰어난 언어사상가가 있었다고 생각합니다. 물론 그 이전에도 「이로하니호헤토(いろはにほへと)[1]」가 있었지만, 음성모음을 최대한으로 배제한 50음도(五十音圖) 제정은 아주 머리가 좋

---

1) 일본의 이로하 노래(いろは歌)의 일절(一節).

은 지배층 사람이 만든 '업적'이 아닐까요?

　나 같은 사람도 식민지 치하의 우리나라에서 일본어 공부에 꽤나 열중했는데, 비음이 나는 탁음이라든가 어두의 탁음 발음은 아직도 서툽니다. 게다가 억양이 전혀 다릅니다. 인간은 귀에 거슬리는 음, 신경 쓰이는 음에 민감합니다. 그것이 가장 잘 나타나는 것이 음운의 영역입니다.

사타카　저 같은 사람은 택시를 타면 운전기사가 도호쿠 출신인지 아닌지를 금방 압니다.

김시종　야마가타(山形)에서 나온 지 오래된 사타카 씨도 역시 그렇습니까?

사타카　예. 금방 압니다. 저도 바로 사투리로 말해버리죠. 그러면 상대방도 사투리로 말합니다. 김 선생님도 그렇습니까?

김시종　알게 된 순간 그렇게 됩니다.

사타카　김 선생님의 말씀은 육체에 각인되어 고칠 수 없는 것까지, 그야말로 그것을 멸시 대상으로 삼았다는 것이군요. 하지만 반대로 말하면 그 부분은 저항의 근원이 될지도 모르겠네요.

김시종　나도 틀림없이 그러리라고 생각하고 있습니다. 말은 의미성만으로 서로 통하는 것이 아니라 어감 그 자체도 언어의 특이성이라 해도 좋으니까요.

이야기가 길어져 버렸는데 그런 언어적인 문제도 있고 해서 '전쟁에 져서 다행이다'라고 하는 데에, 내 개인적으로는 복잡한 생각을 갖지 않을 수 없습니다. 살아있는 동안에 조선인으로서의 나 자신으로 되돌아가는 계기를 찾았다는 것은 정말로 다행이라고 생각합니다. 그렇지만 완전히 완성된, 자신의 일본어를 가진 사람으로서는 항상 떳떳지 못하다는 생각이 듭니다. 나는 전전의 식민지 치하에서 만들어진 사람이기 때문이죠. '졌다, 다행이다' 그것으로 매듭 지어지면 좋겠지만 그렇게 되지 않습니다. 일본어를 계속 쓰고 있어서 몸속에 껴안고 있는 것이죠.

사타카 김 선생님이 걸어온 평범하지 않은 경험에서 보면 '져서 다행이다'는 너무 단순한 말이었을지도 모르겠습니다. 다만 시로야마 씨와 요시무라 씨의 대담을 읽고 나서 깜짝 놀란 것은, 이제는 '져서 다행이다'라고 큰소리치기 어려운 시대가 되어버렸어요. 그렇다면 역시 김 선생님도 일단 벗어던진 것이 또 속박이 되어 겹겹이 얽혀 있다고 말할 수 있겠네요.

김시종 전전 회귀의 풍조가 이 정도로 공공연해지면, 나 같이 귀에 거슬리는 일본어를 쓰는 사람은 금방 식별돼서 공모죄(共謀罪)로 감시, 배제하는 대상에 들어가는 것이 아닐까요? 아니, 이미 그렇게 되어 있을지도 모르겠습니다.

제 2 장

노래와의 싸움

복고조(復古調)는 노래가 중요하다

사타카　앞서 말한 손기정에 대한 이야기입니다만, 그는 전후에 한국육상연맹 회장이 되었죠. 자신의 금메달을 반쪽짜리 금메달이라고 말했었고, 바르셀로나 올림픽 남자 마라톤에서 황영조가 우승했을 때, 자기 금메달이 완전체가 되었다고 했어요.

김시종　손기정은 복잡한 생각을 가지고 있었으리라 생각합니다. 올림픽에는 일본 선수로 나왔으니까요. 그러나 역시 그곳에서도 이겨야만 했고 식민지 시대의 올림픽에 나가 금메달을 땄다는 긍지도 가지고 있었죠. 그리고 그는 우리나라를 대표하는 스포츠 선수이고 국가적 스포츠 행사에는 항상 관여했습니다. 그 역시 '전쟁에 져서 다행이다'라고 생각한 것은 해방이 되고 나서였겠죠. 자신의 자세, 이념, 이상으로 말한다면 솔직히 잘 됐다고는 생각할 수 없었겠죠. 실제로는 틀림없이 잘 된 것이지만.
　식민지 경험을 한다는 것은 그와 같은 서로 모순되는 유·무형적인 것을 자신의 정신 구조 속에 품고 있다는 말입니다. 나 같은 사람은 해방이 되고 나서도, 무엇을 또 어떻게 살아갈 것인가 하고 머리를 싸매고 고민할 정도였으니까요.

사타카　그러면 전후에도 자신을 또 어떻게 다시 뜯어 고칠까 하는 투쟁이 계속되었다는 말씀이군요.

김시종　특히 일본어를 구사하게 되면 온화한 정감의 시를 쓴 사람들이 전쟁 중에 맨 먼저 전쟁찬가로 바뀐 역사와 마주할 수밖에 없어요. 시인들이 국가 편에, 극단의 황국사관 쪽으로 한꺼번에 서 버렸습니다. 나는 시를 쓰는 사람이라 그 역사를 알고 있기 때문에 일본어를 사용한다고 해도 그러한 정감의 연장이어서는 안 된다고 생각합니다. 정감이란 언제나 큰 흐름에 휩쓸려 버려서 한쪽에서 부르고 다른 쪽에서 화답하는 일이 많습니다. 그러므로 자신은 항상 휩쓸리지 않는 말을 사용하는 데 집착해야만 한다고 생각하고 있습니다.

사타카 저는 유행가 작곡가인 고가 마사오(古賀政男)의 평전을 쓴 적이 있습니다. 프랑스 문학의 소양을 가지고 상징시를 쓰고 「가나리아(かなりあ)」나 「달님(お月さん)」 등의 동요를 만들고 「도쿄행진곡(東京行進曲)」, 「열아홉의 봄(十九の春)」 같은 유행가를 작사한 사이조 야소(西条八十)가 바로 그 「동기의 벚꽃(同期の桜)」, 「학도진군가(学徒進軍歌)」와 같은 군가를 쓰게 됩니다. 음악의 전쟁 협력에 대해 시로야마 씨와 이야기를 한 적이 있는데, 시로야마 씨가 눈물을 펑펑 흘리면서 '그놈들은 용서 못 해'라고 말했어요.

김시종 나의 롤모델인 오노 도자부로(小野十三郎)[1]라는 시인은 '복고조는 노래가 중요하다'고 말했습니다. 군가뿐만 아니라 서정가를 포함해서, 노래란 비평을 취하지 않습니다.

사타카 사상이나 사고의 차이는 제쳐놓고 이 정감에 몸을 맡기게

---

1) 1903~1996년. 일본의 시인. 저작으로는 시집 『오사카(大阪)』 등 다수.

되어 버리니까요.

양석일의 허남기 비판 ————

김시종   일본은 엔카(演歌)를 좋아하는 사람이 많기 때문에 이런 말을 하면 반발을 살 것 같습니다만, 나는 엔카를 들으면 몸이 뒤틀리는 것 같습니다. 그만큼 생리적으로 소름이 돋아요. 엔카야말로 전전 회귀의 온상이라고 생각합니다.

사타카   김 선생님의 동생 격인 양석일(梁石日) 씨는 엔카를 잘 부르지만요(웃음).

김시종   「오사카에서 태어난 여자(大阪で生まれた女)」는 발군의 실력이지요. 그렇지만 그는 여성을 후리기 위해 노래하니까요(웃음).

사타카   동기가 불순하군요.

김시종   아니, 그에게는 불순은커녕, 속으로는 여성을 숭배하고 있죠(웃음).

사타카   제가 알고 있는 지금의 석일 씨로 보자면 의외의 느낌도 있지만, 조숙하고 천재적인 시인이었다고 들었습니다.

김시종   천재인지 어떤지는 잘 모르겠지만 조숙했음에는 틀림없습니다.

함께 만들었던 『진달래』를 계승한 『가리온(カリオン)』이라는 동인 시지에서, 「화승총의 노래(火繩銃[1]のうた)」라는 서사시로 알려진 시인 허남기(許南麒) 씨를 석일이는 철저히 비판했습니다. 「방법 이전의 서정(方法以前の抒情)」이라는 글입니다. 경칭을 생략하겠습니다만, 허남기는 조총련 중앙본부 부의장으로, 재일본조선문학예술가동맹의 영광스러운 위원장이었습니다. 석일이는 두려움을 모르는 남자로, 조직 활동을 한 적도 없으니 무서울 것도 없었습니다. 허남기에 대해 '박물관행이다'라고 말했죠. 허남기가 가끔 오사카에 왔을 때 만난 적이 있었는데, 허남기는 '석일이의 에세이를 읽고 더 이상 살맛이 없어졌다'고 했습니다.

사타카 그것을 양석일 씨에게 말했습니까?

김시종 아니오. 말하지 않았습니다.

사타카 그 당시 석일 씨는 몇 살입니까?

김시종 스물 몇 살 정도였을까?

사타카 역시 아주 조숙했네요.

김시종 그의 독서량은 예사롭지 않았죠. 그리고 사람 보는 눈이

---

1) 총에 노끈을 넣어 화약에 불을 붙여서 발사하는 구식 소총.

정확하고. 헌책방에서 책을 사서 읽고 또 다른 헌책방에 가서 팔면 거스름돈이 더 붙어 와요.

사타카   그런 재능은 그때부터 있었군요(웃음). 김 선생님과는 60년 이상 알고 지냈습니까?

김시종   예. 그를 만났을 때는 그가 아직 고등학생이었습니다. 그에게 고개를 들 수 없는 일이 있어서요. 그는 급성 알코올 중독인데 용케도 죽지 않았어요. 그 친구, 몇 번이나 죽을 뻔했지요. 내가 끊임없이 술을 먹여서. 그러니 그는 지금 맥주 외의 술은 전혀 안 마시죠. 내가 조총련으로부터 비판을 받아 미칠 것 같은 나날을 보내고 있었을 무렵, 석일이로부터 얼마나 큰 도움을 받았는지 몰라요. 늘 함께했죠.

서정을 묻는 자세 —

사타카   정말로 깊은 인연이네요. 제가 석일 씨와 처음 만난 것은 문예평론가인 오카니와 노보루(岡庭昇) 씨가 관여하고 있던 문예동인지『동시대 비평(同時代批評)』모임에서 내가 진지한 이야기를 하는데, 그곳에 양석일 씨가 들으러 와 있었죠. 끝나고 인사하려는데 갑자기 '사타카 씨, 호색가죠'라고 말하는 거예요. 할 수 없이 '맞아요'라 말하고 서로 껴안았죠. 그것이 첫 만남이었습니다.

김시종   그 친구는 정말 미워할 수가 없어요. 그 친구는 눈 뜨고는 못 볼 정도로, 손을 댈 수 없을 만큼 주위의 친척, 지인들에게 폐를 끼쳤지만 얼굴에 한가득히 빵긋 웃는 미소를 보면 누구나 마음을 열게 되죠.

사타카　양석일 씨는 여러 사람을 구해주었죠. 일본 전후 시의 극치라고도 할 수 있는 작품을 남긴 시인인 구로다 기오(黒田喜夫)[1] 씨도 그랬었다고 했고, 『끝없는 시작(終りなき始まり)』이라는 소설에도 나왔지만 강순(姜舜)이라는 재일 선배 시인의 시집을 내기 위해 ……

김시종　그가 빚에 쫓기고 있던 시기인데 그것 때문에 돈을 모으러 돌아다녔습니다. 구로다 씨의 장례식도 혼자 도맡아 치렀습니다.

사타카　빛을 못 보는, 그러나 자신이 존경하는 선배였기 때문에 분골쇄신한 면이 있었군요.

김시종　그렇습니다. 그의 소설을 대중소설이라고도 하지만 예전에 시를 쓰다가 그것을 버리고 대중소설로 옮긴 것이 아닌, 그의 소설은 시의 연장입니다.

사타카　석일 씨와 「하이쿠카이(俳句界)」에서 대담할 때, 최근에는 시를 쓰지 않지만 '마음은 언제나 시인입니다'라고 말했습니다.

---

1) 1926~1984. 일본의 시인. 야마가타현 출신. 전후 일본공산당에 입당하여 고향에서 농민운동 참가. 프롤레타리아시와 전위시(前衛詩) 결합에서 전후 시의 하나의 극북(極北)을 나타내는 시인.

김시종 양석일은 글이 지나쳐서 마음에 안 드는 점도 있지만 시를 쓴 후, 생각하거나 연구했던 것 대부분을 소설로 만들었죠. 그도 벌써 여든 살 넘지 않았나?

사타카 아까 말씀에도 나온 젊은 날에, 석일 씨의 허남기 비판 논문, 제목이 「방법 이전의 서정」이라고 했습니다만, 여기서도 서정에 대한 문제 제기가 있었네요.

김시종 그런 문제의식은 우리들 동인 사이에서 공유하고 있었는데, 그는 그 중심 논객이었습니다.

엔카적 서정에서 벗어나는 것도 '시' ——

김시종 인류가 발생했을 때, 사람은 모음만으로 기뻐하거나 울부짖기도 했다고 생각합니다. 말이 생기고 나서부터는 기쁨이나 슬픔을 더욱 풍요롭게 표현하기 위해 음악이 만들어지기도 했죠. 말도 필요에 따른 최소한의 말이었기 때문에 하나의 용어가 몇 개의 의미를 가지기도 했어요. 지금의 수사법에서 말하는 「암유(暗喩, 메타포)」의 비유법이 뛰어난 말입니다. 인간은 말하기 시작한 태곳적부터 시적인 존재, 생명체였기 때문에 그 언어로 불렀던 노래나 음은 인간의 본성에 뿌리내렸던 것이죠. 일본의 엔카가 인간의 마음을 보다 풍요롭게 하는 것이라는데, 아무리 해도 나는 그런 생각이 들지 않습니다. '노래는 세상에 따라 변하고 세상은 노래의 유행에 영향 받는다'고 합니다. 그것은 유행가나 엔카를 만드는 쪽이

지어낸 대단히 뛰어난 선전구호입니다.

일본인 거의 모두가 전전부터 유행가나 엔카를 좋아했습니다. 특히 엔카에 공감하고 악기 연주에 맞춰 노래하는 생리감각이, 나 같은 사람에게는 아무리해도 익숙해지지 않습니다. 노래라면 엔카라고 생각하는 일본인이 많은 것 같은데, 있어야 할 노래는 엔카에서 더욱 멀어지고 있는 노래라는 생각이 듭니다.

여성운동을 하고 있는 어느 메이저 신문 여성 기자가 있는데, 그녀가 불러서 이야기를 나눈 적이 있습니다. 그 후, 식사모임을 갖고 그녀들이 가라오케에서 엔카를 부르는 겁니다. 저런 지적 노동을 하는 사람들의 악취미 같은 것이려니 하며 웃었지만 그러기에는 노래에 너무 푹 빠져서 불러요. 그런 노래에 알레르기를 일으키거나 저항을 느끼지 않아요.

사타카 김 선생님은 알레르기를 일으킵니까?

김시종 소름이 돋습니다. 그것도 여성운동을 하고 있는 커리어 우먼 아닙니까? 남성에게 종속되는 일을 찬양하는 것과 마찬가지인 그런 노래에 감정 이입이 되어서는 안 된다고 생각합니다.

나의 신념인데요, 쓰지 않는 소설은 존재하지 않지만, 시는 쓰지 않아도 존재합니다. 일상 차원에서 일상의 모든 것에 엔카적 정감이 스며들고 있기 때문에 떼려야 떼어낼 수 없습니다. 거리를 두려고 하지 않죠.

재작년(2015년) 안보 관련 법안 심의 때, 일본 전역이 들썩였어요. 마침 텔레비전을 켜니 70대 남성이 부인과 손수 제작한 번호를 달고 국회 앞에 나가 있는 모습이 나왔습니다. '우리들은 아무것도 할 수 없지만 가만히 앉아있을 수 없다. 안보법제에 반대한다'고 말하며 그곳에 와 있었어요. 이것은 저에게는 시였어요. 시를 말로 한다는 것은 실존하는 것과 마주친다든가 관계를 맺을 수 있는 사람에게 어울리는 말이 움틉니다.

지금 전전 회귀 풍조가 이처럼 표면화되어 있기 때문에 더더욱 나는 엔카를 경계합니다. 그 엔카는 노래하는 사람의 마음을 완전히 지난날의 감정으로 빠지게 하는 것입니다. 생각할 힘을 없애는, 즉 무사상화(無思想化)하는 것과 같은 것이죠. 무사상만이라면 그나마 괜찮은데. 무사상이란 지배자 쪽으로 야금야금 들어가 그 방향으로 들어가 버리게 되는 것이죠.

사타카　김 선생님이 말씀하시는 것은 엔카를 따라 부르지 않는 태도에도 시가 포함된다는 것이네요. 아무튼 귀가 따갑습니다. 저도 엔카를 좋아하는 양석일 씨와 같은 일당이니까요.

김시종　엔카라 해도 「오사카에서 태어난 여자」 등은 정통 엔카가 아닌 사회적 약자의 블루스라고도 말할 수 있죠.

'자민당에게 천벌을, 공명당에게 부처님의 벌을' ──

사타카　제 은사인 구노 오사무(久野收)[1] 선생님의 이사를 도와주러

---

1) 1910~1999. 일본의 철학자·평론가. 많은 평론이나 대담을 통해 전후 일본의 정치사상이나 사회사상에 큰 영향을 끼침. 또 전후 민주주의 형성에 기여한 인물 중 하나.

갔을 때, 구노 선생님이 문득 「누가 고향을 잊겠는가(誰か故郷を想わ ざる)」의 한 소절인 '꽃 따는 들녘에 해는 저물고'를 흥얼거리고 있 었습니다. 구노 선생님 같은, 전전의 강권 지배와 시대 풍조에 저항 해서 붙잡혔던 사람도 유행가가 저도 모르게 입에서 절로 나오기 도 한다고 생각하니 도리어 무서운 생각이 들었습니다. 한편으로 는 구노 선생님도 이런 노래를 부른다고 생각하니 안심이 되기도 했습니다. 하나 더 말씀드리면, 구노 선생님이 하야시 다쓰오(林達 夫)[1]와의 대담에서 "자신은 클래식파이니까 엔카에는 인연이 없다 는 사람이 의외로 엔카적인 것에 발목 잡히는 일이 있습니다. 그러 므로 면역력을 키우기 위해서라도 엔카적인 것과도 인연을 맺을 필요가 있는 것이다"라는 말도 생각이 났습니다.

김시종　나는 클래식파는 아니지만 끈적거리는 엔카에는 일종의 느 글거림이 연상되어 무섭습니다.

　피차별 부락 사람들도 의리와 인정을 극찬하는 엔카를 매우 좋 아합니다.

사타카　저도 「형제의 의리(兄弟仁議)」 같은 것은 좋아합니다.

김시종　사타카 씨처럼 지적 노동을 하시는 분, 특히 이렇게 사회 비평력이 강한 분이 그 같은 엔카를 부르는 것은 일종의 기분 전환 이고 유머이며, 나쁜 사람인 척하는 것이겠지요.

---

1) 1896~1984. 일본의 사상가, 평론가. 서양정신사, 문화사, 문명사에 걸친 저서가 많음.

사타카 아니, 그렇다고도 잘라 말할 수 없고 부끄러울 따름이죠. 고가 마사오(古賀政男)[1]의 평전(評傳)을 썼을 때, 정말 그렇구나 하고 생각한 것이, 고가는 "자기 곡을 부르지 않게 되는 날이 오는 것이 바람직하다"고 말합니다. 도이 다카코 씨와 함께 몇 차례 가라오케에 간 적이 있는데, 누군가가 미야코 하루미(都はるみ)의 「북녘의 거처에서(北の宿から)」를 부르자 도이 씨는 "입히지도 못할 스웨터 따윌 왜 짜는 게야"라며 화를 냈습니다. 도이 씨는 엔카와는 담쌓은 사람이었던 것이죠.

김시종 거참, 괜찮네요. 혹은 짜주고 싶은 사람이 없었던 것일지도 모르겠네요.

사타카 저는 그런 건 어떻다고는 말 못 해요(웃음).
저는 안보법제 반대 데모를 할 때 참가자가 만들어 온, 굉장하다고 생각되는 현수막이 있어서 강연 등에서 인용하는데, '자민당에게 천벌을, 공명당에게 부처님의 벌을(自民黨に天罰を、公明黨に仏罰を)'이라고 쓴 내용입니다.

김시종 천벌이란 것은 농민봉기를 일으킬 때 쓰던 말이군요. 그것 괜찮네.

사타카 단 이것도 7·5조입니다. 오노 도자부로 씨는 단카(短歌)를 노예의 운율이라고 말했었죠.

---

1) 1904~1978. 쇼와시대 대표적 작곡가, 기타리스트, 국민영예상 수상.

김시종 　오노 씨는 단카적 운율, 단카적 서정은, 단카나 하이쿠(俳句)에만 존재하는 것이 아닌, 일상 차원의 생활 감각이 되어 있다고 했어요.

단카적 서정은 일본적인 자연 찬미 ───

사타카 　저항임에 틀림없는 '자민당에게 천벌을, 공명당에게 부처님의 벌을'이라는 슬로건이 7·5조로 되어있다고 하는 모순은 있습니다.

김시종 　그렇지만 그것은 단카적 서정을 소중히 다루는 사람들이 절대로 손댈 수 없는 말이죠. 단카적 서정의 밑바닥에 흐르고 있는 것은 일본적 자연 찬미입니다. 일본의 근대 서정시를 쓴 사람들에게 자연이란, 자신의 심정이 투영된 것입니다. 그러므로 낙엽은 슬프고 가을이 되면 쓸쓸해지고 구름을 보면 눈물이 나죠. 실제로 자연은 이렇게 온화하지는 않죠.

　자연이라는 것은 이 세상에 인간이 삶을 시작하여 오늘에 이르기까지, 가장 많이 인간의 생활을 가로막아 왔습니다. 농경이 시작되었을 때에는 농기구 같은 것이 없었기 때문에 풀을 베고, 나무를 쓰러뜨리고, 뿌리를 뽑고, 돌을 움직여왔습니다. 그렇게 하지 않으면 경작지를 만들 수 없었던 것이죠. 인간이 살아가는 데 가장 앞을 가로막는 것은 자연입니다. 그러므로 인간은 자연을 접할 때 세심함과 동시에 신중하고, 이 이상 침식(侵蝕)해서는 안 된다는 경계가 암묵적으로 있는 것입니다.

자연을 찬미하는 사람은 겨울이 아름답다고 말하고 신비롭게 노래합니다만, 눈이 많이 내리는 지역 사람들에게는 겨울에 내리는 눈이 가장 귀찮은 존재죠. 그야말로 지금과 같은 고령화 시대에, 강설량이 많은 지대에서 노인들만 사는 집은 자멸할 수밖에 없어요. 지붕이 무너지는 것을 기다릴 수밖에 없는 상태로 겨우 살아가는 사람이 있죠. 그렇지만 일본의 단카나 하이쿠는 여전히 자연이 아름답다고 노래합니다.

사타카 김 선생님이 눈에 대해 쓰신 글을 읽고 왜 선생님은 눈이 많이 내리는 지방 출신이 아닌데 눈 생활에 밀착된 리얼리티를 알까 하고 생각한 적이 있습니다. 저는 학창시절에 고향에 스키를 타러 온 도시의 젊은이들을 보며 돌을 던지고 싶었습니다. 그야말로 눈이란 생활을 파괴하는 것입니다.

김시종 그렇지만 단카적 서정에서 보면 신비로운 것이 되어 버려요.
나는 일본에 와서 시를 일본어로 쓸 수밖에 없었기 때문에 가장 거리를 두었던 것이 특정 계(절)어(季語)[1]입니다. 그것은 감성의 총괄이죠. 이미 만들어진 감성 체계에 자기 심정을 맞춰갑니다. 모두가 한결같이 공통적인 것이므로 이것은 유행합니다. 비판 정신도 없어집니다.
여름에, 겨울에 대해 쓴다고 나쁠 게 없고, 가치라고는 없는 돌 하나라도 때와 장소와 조건에 따라 평범한 돌이 되지 않습니다.

---

1) 하이쿠 등에서 춘하추동의 계절을 나타내기 위해서 반드시 넣어야 하는 말. 예를 들면 초여름을 나타내는 계절어는 牡丹(모란)을 넣는다든가 하는 것.

강권에 의해 학대받을 때 돌은 민중의 무기가 될 수도 있습니다.

팔레스타인에서는 쭉 그렇게 해 왔죠. 피점령지 사람들은 어린 아이들까지도 돌을 던지는 것으로밖에 저항을 표현할 길이 없습니다. 그러므로 자연이란 고정불변의 것이 아니라 하나하나가 때와 장소와 조건에 따라 모두 다릅니다. 그것을 전부 공통의 정감적인 것으로 만들어가는 것이 계(절)어이기 때문에, 나는 감성의 총괄이라고 생각하고 있습니다.

『들어라 해신의 목소리』는 반전(反戰)인가? ──

사타카 제가 교원으로 처음 근무한 곳이 농업고등학교였습니다. 농촌을 자연의 상징처럼 노래합니다만, 벼는 인간이 변형에 변형을 거듭해서 만들어낸 것입니다. 결국 가장 자연에 거슬러서 결실을 맺은 식물이 되었죠. 그런데도 농업을 자연의 대표처럼 노래하는 것은 이상합니다.

다만 저도 자신의 엔카적, 단카적, 하이쿠적 감정을 항상 대상화하고 있지는 않기 때문에 김 선생님의 말씀은 정말이지 귀가 따가울 정도로 아픕니다.

김시종 인간은 자연에 따르기만 하면 좋은 것이 아니어서, 최대한 자연을 침범하지 않으며, 자연을 거슬러 왔습니다. 그러므로 저편 맨 끝은 항상 신의 영역입니다. 일본의 원자력발전소는 신의 영역을 침범해 버렸습니다.

인공위성에서 지구를 보면 일본열도가 가장 빛난다고 합니다.

즉 불필요한 것을 지나치게 만들고 있다는 것이죠. 어둠이 없는 만큼 인간이 본성적으로 계승해 온 자연에 대한 경외심도 잃어버렸습니다. 모두 번쩍번쩍 비추고 있으니까요.

지금 일본에서는 자연이 풍요로운 곳일수록 과소화(過疎化)되어 인간이 살 수 없는 상태가 되었습니다. 그런 상황인데도 단카나 하이쿠를 보면 변함없이 그 자연이 아름답다고 합니다.

사타카　단카나 일본적인 시란, 스키를 타거나 관광하는 사람들의 눈으로 만들어내는 문예가 되어버린 것이죠.

김시종　그런 말을 들어도 할 말이 없을 듯한 질적인 작품을, 일본의 단시형(短詩型) 문학은 계속 유지하고 있습니다. 자연이라고 하면 도시인을 위한 휴가나 놀이, 휴식의 장이라고 생각하는 경향도 있습니다. 그곳에 사는 사람들에 대한 생각은 별로 하지 않죠. 내가, 내 자신이 쓰는 일본어에 대해 항상 불안해서 견딜 수 없는 것은 이와 같이 이미 성립된 심적 질서에 나 자신도 빠져 있지는 않은가라는 생각 때문입니다.

사타카　저는 제 마음속에서 그런 일본적인 심성과 얼마만큼 대결하고 있는지, 조금 불안합니다. 구와바라 다케오(桑原武夫)[1] 씨가 하이쿠를 비판적으로 보고 제2예술이라 말했고, 오노 도자부로 씨는 단카를 노예의 운율이라 말했죠.

---

1) 1904~1988. 일본의 프랑스 문학·문화 연구자, 평론가. 인문과학에서 공동연구의 선구적 지도자. 일본의 문화훈장 수장.

김시종 오노 씨도 하이쿠는 좋아합니다만.

사타카 오노 씨는 단카 쪽을 더 적대시했습니까?

김시종 고대의 단카는 좋게 평가합니다. 근대에 들어오고 나서 단카는 전쟁을 일으킨 일본 천황 제도의 으뜸가는 것이라고 했습니다. 『들어라 해신의 목소리(きけわだつみのこえ)』[1]라는, 가슴을 후비는 학도 출병의 책이 있죠. 각 유서 말미에는 대개 죽음을 앞두고 쓴 마지막 구절이 남겨져 있습니다. 이제 죽으러 간다는 사람들이 정해진 글자 수에 자신의 생각을 써넣었습니다. 내용은 대략 같은 패턴으로 되어 있습니다. 거기에는 자신을 죽음으로 몰아가는 상황에 대한 비판적 시선은 없습니다. 측은하고 가슴이 찢어질 만한 유서를 남기고 전쟁터로 내몰려 가면서도 죽어가는 사람이, 전쟁은 용서할 수 없다고는 생각하지 않습니다. 단카는 그런 심정을 바로 일정한 심적 파장으로서 넓혀갈 수 있는 것입니다.

사타카 역사가인 하니 고로(羽仁五郎)[2]는, 『들어라 해신의 목소리』는 전쟁에 대해 깊이 생각한 문장이 아닌, 일본적인 센티멘털리즘 속에서 전쟁에 대한 생각을 포기하게 한 문장이라고 했습니다. 강제력에 대치해야만 할 때에 그렇게 하지 않고, 일본에는 자신을 일종의 도취 상태로 틀어박히게 하는 그릇이 있다는 말이네요.

---

1) 1949년(쇼와24) 간행. 제2차 세계대전에 학도병으로 차출되어 전사한 학생 75명의 일기·수기·편지를 엮은 유고집(遺稿集).

2) 1901~1983. 일본의 역사가(마르크스주의 역사학·역사철학·현대사). 참의원의원. 일본 학술회의 회원.

시란 현실 인식에 있어서의 혁명 ——

김시종 그렇습니다.

일본의 근대시가 일상적 구어가 되는 데에는 시간이 꽤 걸렸습니다. 그때까지는 한문조의 문어이고 문어에서 구어가 됨으로써 일본의 근대시가 시작되었다고 하지만, 실은 문어조의 명맥은 그 이후에도 쭉 이어지고 있습니다. 전시가요나 군가는 문어가 많지요. 문어는 음절을 취하기 쉽습니다.

요사노 아키코(与謝野晶子)[1]가 러일전쟁 때에 남동생에게 「너, 죽으면 안 돼(君死にたまふことなかれ)」라고 쓴 장시(長詩)는 반전시라고 하는데, 「너, 죽지 말지어라」라는 문어조라서 시적인 느낌을 주지만 이것을 평상어(平常語)로 하면 「너 죽으면 안 돼」가 되죠. 일본의 서정가는 아직도 문어에서 벗어나지 못하고 있습니다.

나는 서정가라고 불리는 노래를 매우 좋아합니다만, 어떻게 하면 그 속에 비평이 들어가는 노래가 될 것인지를 항상 생각하고 있습니다. 비평 없이 노래해서는 안 된다고 생각합니다.

내 강연 요약이 신문에 실려 반발을 산 적이 있습니다. 거기서 나는 계속 이어지고 있는 「미토코몬(水戸黄門)」[2]이라는 드라마를 보면 안 된다고 말했습니다. 그 사극에서는 도쿠가 가문의 문장

---

1) 1878~1942. 일본의 가인, 작가, 사상가. 잡지 『명성(明星)』에 단카를 발표하여 낭만주의 문학의 중심적 인물이 됨.

2) 곤추나곤(權中納言: 벼슬 명)인 에도시대의 미토(水戸)의 번주(藩主)·도쿠가와 미쓰쿠니(德川光圀)의 별칭인 동시에 그가 은거하여 일본 각지를 돌아다니며 권선징악을 그린 창작소설의 명칭. 가부키, 연극, 소설, 영화, 텔레비전 드라마, 만화, 애니메이션 등으로 그리고 있음.

이 새겨진 통을 내밀며 주군은 정의롭다는 사실을 계속해서 보여줍니다. 그렇지만 거기에 저항한 사람들이야말로 변혁을 바라는 사람들이었을지도 모르겠습니다. 그런데 완성된 시스템이 흔들리지 않게 하기 위해서 미토코몬은 항상 정의인 것이죠. 시를 쓰고 싶으면 우선 「미토코몬」을 보지 않는 데에서부터 시작해야 한다고 말해버렸습니다.

사타카 「미토코몬」적 지배관계를 고정화시키는 것의 상징적인 것이 교육칙어죠.

김시종 말씀하신 대로 입니다. 시는 쓰지 않아도 존재합니다. 그러므로 「미토코몬」을 보지 않는다, 엔카를 부르지 않는 선택도 인식의 변화이므로 시의 시작이기도 한 것입니다.

시란 결국 현실 인식에 있어서의 혁명이라고 생각합니다. 현실을 인식하는, 그 의식조차 희미하게 만들어버리고 있는 것이 오늘날의 일본적 풍조가 아닐까요? 그러므로 전전 회귀가 비교적 쉬워졌죠.

사타카 아내가 저를 바보 취급합니다. "당신은 사극만 보고 있네"라고.

「오니헤이한카초(鬼平犯科帳)」[1]를 무심코 봐버리죠. 그거 재미있다고 얘길하자, 사형판결 변호인인 야스다 요시히로(安田好弘) 씨가

---

[1] 이케나미 쇼타로(池波正太郎)가 쓴 일본의 역사소설. 실재 인물인 화부도적개방 장관(火付盜賊改方長官)인 하세가와 헤이조(長谷川平蔵)를 주인공으로 하여 TV드라마, 영화, 연극, 만화, 애니메이션 등을 만듦.

화를 냈습니다. 그건 재판도 하지 않고 하수인으로 보이는 사람을 쓱싹 처리하죠. 그러면 안 되는 거라고. 제 취향의 약점을 찔린 기분이었습니다.

김시종　저는 사타카 씨 정도로 사회의식을 가지고 있는 지식인이 사극을 보는 것은 불안하지 않습니다. 그것은 일종의 기분 전환이니까요. 기분 전환이란 자신이 하고 있는 일에서 잠시 벗어나야만 가능하니까요.

사타카　그러면 김 선생님의 기분 전환은 무엇입니까?

김시종　소주를 마시는 정도랄까. 아내는 나를 세상에서 제일 재미없는 사람이라 말하는데, 집에서는 거의 말을 하지 않고, 내 스스로 어딘가를 찾아다니거나 여행가는 일도 없습니다. 일본에 와서 너무 배가 고파 아주 힘든 일을 많이 겪었으니까요. 낯선 곳에 가는 게 아직도 두렵습니다.

사타카　막걸리가 아니라 소주입니까?

김시종　막걸리는 금방 취하지 않죠.

사타카　금방 취하는 게 좋습니까?

김시종　역시 확 취하는 게 좋습니다. 그렇지만 나는 수술을 여러 차례나 했고 신장도 하나만 있으니까 독한 술은 안 마시는 게 좋다는 말을 듣고 있죠. 최근에는 따뜻한 물과 섞어 마시려고 하지만요. 기분 전환이 무엇인지를 묻는다면 마음이 맞는 친구들과 한잔하는 일이겠죠.

후쿠오카형무소에서 옥사한 시인 윤동주 ———

사타카 일본에서는 시보다 단카나 하이쿠가 더 인기가 있습니다만, 조선은 시인을 소중히 여기는 나라라고 들었습니다.

김시종 조선시대에 처형된 사람이 많이 있습니다. 1600년 초, 조선왕조의 중신이었던 문관 허균(許筠)이 있었습니다. 둔갑술에 능한 사람이 조선왕조에 대항하여 빈민에게 물건을 나눠준다는 내용의 『홍길동전』을 쓴 사람입니다. 한시도 많이 썼죠.

조선왕조 중기 전에 동지중추부사(同知中樞府事)라는 대신까지 역임한 허엽(許曄)의 아들로, 혁신적인 문화인이었습니다. 조선왕조 시대에, 차남이나 첩 자식은 출세할 수 없었죠. 능력을 발휘할 기회조차 없이 허송세월을 보내는 것이 보통이지만 그런 사람들에게 그는 자기 집을 개방해서 격의 없는 토론을 했습니다. 당연히 조선 왕조로부터 감시를 당했죠. 게다가 『홍길동전』이라는 반체제 소설을 썼기 때문에 사지를 갈기갈기 찢기는 형에 처해졌습니다. 김삿갓이라는 방랑시인도 있는데 이 사람 또한 절묘한 풍자와 비평을 하는 시인이었습니다. 스스로 관직을 버린 그는 민중과 섞이면서 전국 각지를 돌아다녔습니다. 여행 도중에 객사했습니다.

조선 민중은 문인에 대한 존경과 신뢰가 깊습니다. 문인이란 대개 시를 쓰는 사람이었습니다. 그리고 그 시대의 권력에 의해 생을 마감한 사람들이 꽤 있죠. 시인이란 세상에 경종을 울리는 사람들이라고 모두 생각하고 있으니까요.

사타카 슈에이샤신서(集英社新書)에 최석의(崔碩義) 씨의『방랑의 천재 시인 김삿갓』이라는 책이 있어요.
김 선생님은 일본 유학 중에 치안유지법으로 체포되어 후쿠오카형무소에서 옥사한 윤동주의 시도 번역했죠?

김시종 예, 꽤 소개했습니다.

사타카 윤동주는 김 선생님보다 나이가 훨씬 많습니까?

김시종 저보다 12살쯤 위입니다.

사타카 너무나 젊었을 때 돌아가셨군요.

김시종 27살에 돌아가셨습니다.
윤동주와 함께 체포되어 후쿠오카형무소에서 함께 옥사한 사촌 송몽규(宋夢奎)란 학생이 있었는데, 그는 윤동주 아버지 여동생의 장남으로, 교토대학 서양사학과에 유학 중이었습니다. 윤동주보다 나흘 먼저 체포되어 윤동주보다 20일 더 살았는데 그야말로 살아 있는 해골 상태로 죽었습니다. 역시 치안유지법 위반입니다. 윤동주는 손으로 쓴 시집을 남겼기 때문에 생애의 흔적이 남았지만, 송몽규는 글을 쓰는 사람이 아니어서 아무런 흔적도 없죠. 언어로 표현하는 사람의 영예를, 다시금 생각하기도 합니다.

사타카 가슴이 아픕니다. 그리고 윤동주의 생의 흔적이 생생한 시편(詩篇)은 전쟁 중의 일본, 아니 근대 일본의 폭거에 이 이상 더없을 고발같이 보입니다. 그의 사촌과 함께.

김지하의 사형 선고와 가와바타 야스나리 ──

사타카 그리고 김 선생님은 조선 출신으로 전전의 일본에서도 활약한 시인 김소운(金素雲)이 편집·번역한 『조선시집(朝鮮詩集)』을 다시 번역했네요.

김시종 내가 중학교 1학년 때, 『조선시집』의 원형이 된 『젖빛 구름(乳色の雲)』이라는 제목의 시집을 입수했습니다. 무엇보다도 내가 기뻤던 것은 일본어로 읽으면서 우리나라의 시도 일본 시와 같이 서정감을 가지고 있다는 사실에 감동했습니다. 김소운의 번역은 7·5조를 기조로 하고 있고, 게다가 문어조의 번역이 많았으므로 일본의 서정감과 차이가 없는 것은 당연합니다. 우리나라의 시도 일본 시와 같은 시를 갖고 있다고 감동했습니다. 그 정도로 나는 우리나라에 대해 완전 백지상태였습니다.

　『조선시집』을 원시(原詩)로 읽어보고 싶은 마음은 쭉 있었지만, 원시는 일본 식민지 지배와 한국전쟁 과정에서 여기저기 흩어져서 없어진 것도 많고, 무엇보다도 나는 한국에 입국하지 못했죠. 그래서 원시를 다른 사람에게 부탁해서 모았고 김소운 번역과의 대조가 겨우 이루어졌습니다. 김소운 씨는 대선배이고 아주 훌륭하게 번역했지만, 역시 피식민지인 김소운의 일본적인 번역시였습니다.

사타카 김소운이 시대의 제약 속에서 일본적 정형에 따라 조선인 시인의 작품을 번역한 것을 김 선생님이 원시로 되돌려서 재번역했군요.

시대를 쭉 내려와서 김지하(金芝河)의 이야기를 하겠는데, 제가 가장 감동한 것은 미시마 유키오(三島由紀夫)가 자결했을 때, 김지하는 "아무것도 아니야. 조선 놈의 피를 빨아 먹고 핀 국화꽃이지"라고 명쾌하게 말했죠. 『아주까리 가미가제』라는 작품입니다.

김시종 그때의 김지하는 예리했습니다. 그 후 쿠데타를 일으켜 스스로 대통령이 된 전두환 시대에 그 체제 쪽으로 돌아섰어요. 그것도 허무했는지 그는 신흥 종교를 시작했습니다. 지금은 우주의 대기를 품고 고립되어 있습니다. 거대한 신흥 종교 같습니다.

사타카 그의 전향은 유감스러운 느낌이네요. 예전의 「오적(五賊)」은 훌륭한 시였어요. 그것으로 김지하는 처참한 탄압을 받았죠.

김시종 탄압 정도가 아니라 그 「오적」으로 체포되어 나중에 사형선고를 받았습니다. 체포 직후 국제펜클럽대회가 서울에서 열렸는데, 가와바타 야스나리(川端康成)는 국빈대우로 초청받아 박정희 대통령을 만나기도 했습니다. 그 국제펜대회의 메인 테마가 '유머에 대해서'입니다. 그 펜대회에서 가와바타는 주빈 축사를 했습니다. '펜은 강하다. 문학회의는 실패하지 않는다'는 표현의 자유를 어필

한 내용이었습니다. 가장 민중적인 강인한 유머를 신랄하게 구사하여 「오적」을 쓴 김지하가 극형 선고까지 예상되고 있던 중의 말이에요.

김시종　가와바타는 그에 대해 아무 말도 하지 않았습니까?

김시종　예, 한마디 언급도 없었습니다.

사타카　블랙 코미디라고밖에 할 말이 없군요.

김시종　그런데 미시마는 일본에서 왜 그렇게 대단한 사람 취급을 받는 것일까요. 가장 경계해야 할 사람인데도. 일본국헌법을 자위대 쿠데타로 바꾸려 했죠?

요시모토 다카아키에게는 전혀 친근감이 없다 ──

사타카　일본형 내셔널리즘의 전형이라는 생각도 듭니다. 저는 미시마를 좋아하는 사람과는 코드가 맞지 않습니다. 어떤 류의 리트머스 시험지가 되고 있죠.

김시종　맞을 리가 없죠. 미시마와 가와바타와의 관계는 그럴 것이라고 생각하지만, 가와바타가 어떻게 해서 노벨상을 받았는지 모르겠습니다. 『설국(雪国)』이 그리 좋은 작품인가요. 『이즈의 무희(伊豆の踊子)』도 그렇습니다. 당시 무희란 결국 인신매매인데, 대학

생이 그런 사람을 좋아하게 되었다는 것이 어떤 의미에서 아름다운 것일까요? 그 작품에서는 무희가 인신매매되는 것에 대한 사회적 의식을 느낄 수 없습니다.

사타카   부끄럽지만 저는 『설국』은 열 번 정도 읽었습니다.

김시종   그런데 거기에 시대비평이 있다고는 생각할 수 없습니다. 가장 전형적인 일본의 사소설(私小說)이 아닐까요?

사타카   남성의 시각에서 본 여성만 묘사하고 있지요. 일본적 질서에 대한 의문도 없죠.
   김 선생님은 이제까지 일본의 시인 중 머릿속에 생각해 둔 사람은 있습니까?

김시종   아까 이야기 중에 나온 구로다 기오입니다.

사타카   야마가타 출신이기도 해서 저도 존경하고 있습니다. 공산당으로부터 제명당했을 때에 쓴 「제명(除名)」이라는 시 등, 혁명운동과 조직의 모순을 파헤치고 있고 아직까지 존재감에 깊이가 있습니다.
   양석일 씨가 전집을 만들려고 계속 돌아다녔던 것 같은데, 이번에 공화국이라는 출판사에서 나올 모양입니다.

김시종   『불타는 기린-구로다 기오 시문선(燃えるキリン-黒田喜夫詩文撰)』이라는 선집이 이제 간행되는데, 전집 제1권은 2018년 봄 이후

에 나올 모양입니다. 구로다는 결핵이 재발되어 신일본문학회(新日本文學會) 사무국을 그만두고 나서 도쿄도가 만든 5평짜리 판잣집 같은 데에 틀어박혔습니다. 누워 있기만 하고 움직일 수가 없게 되자 찾아오는 사람이 없어졌죠. 양석일은 그럴 때에도 그를 계속 찾아갔습니다. 아까 말한 것처럼 자기 앞가림도 못 할 때에도. 구로다 장례식도 그가 치렀죠.

나도 도쿄에 갈 때마다 그의 집을 찾아갔는데, 부양할 사람이 부인밖에 없어서 밖으로 일을 나가야 했기 때문에 어머니가 왔습니다. 몸집이 작고 등이 굽은 할머니가 앉아있었습니다. 그야말로 날림공사로 지어진 집으로, 4.5조(疊) 정도의 단칸방에 기오가 침대에 누워 있고 그 곁에 어머니가 다소곳이 앉아 있었죠. 참 슬펐어요. 내가 가슴 깊이, 공감 이상의 것을 가지고 있는 사람이 구로다죠.

사타카 엉뚱한 질문이 될지도 모르겠습니다만, 요시모토 다카아키 (吉本隆明)를 어떻게 보고 있는지요.

김시종 데라다 히로시(寺田博)라는 분이 가와이데쇼보(川出書房)의 「문예(文藝)」 편집장이었을 때, 요시모토 다카아키와 대담하지 않겠냐고 말씀한 적이 있습니다. 요시모토 씨는 해도 좋다고 하는데, 나는 황송해서 못 하겠다고 거절했습니다.

한때, 요시모토는 반핵운동을 비판하고 핵 억지력이라는 관점에서 핵 보유를 시인하고 있었죠. 내가 보는 바로는 그가 자아낸 방대한 양의 말은 엄청난 공전(空轉)으로도 보입니다. 친근감이라고는 하나도 없습니다. 나는 먹고살지 못했던 시절에 대학 시간강사 자리를 얻었지만 조총련이 방해를 해서 안 된 일도 있습니다. 하지만 아무 대학 도서관에 가도 추천도서에 요시모토 다카아키가 올라 있어요. 그것은 일종의 사회적 지위랄까. 어떨까요. 정말로 그의 작품이 읽혀졌을까요?

다니가와 간은 최고의 선동가였다 ———

사타카 사상 마니아 사이에서는 계속 읽고 있을지도 모르겠으나 현실에 깊이 관여되는 일은 없을 겁니다.

저도 그다지 영향을 받지 않았고, 말년의 요시모토가 비판하기도 했지만, 왜 이름을 거명했는가 하면, 요시모토의 『모사와 거울(模写と鏡)』의 표지 띠의 추천문이 미시마 유키오였습니다. '읽으면서 일종의 성적 흥분을 느끼는 비평은 거의 없다'는 따위의 글을 썼습니다. 학생 때여서 잘 기억하고 있습니다. 『모사와 거울』은 1964년인가요. 그 두 사람은 어딘가 통하는 데가 있죠.

김시종 나는 두 사람이 현실과는 다른 차원의 공간 속에서 살고 있었던 사람으로 생각합니다. 틀어박혀서 순수하게 기화해 버린 사고가 아닐까요?

사타카 60년 안보 때까지는 요시모토 나름의 현실과의 긴장 관계가 있었다고 생각하지만, 그 후 저는 『공동환상론(共同幻想論)』을 비롯한 원리적 사상 탐구라고 칭하는 저작에 관심이 없었습니다. 그야말로 김 선생님이 말씀하신 것처럼 '엄청난 공전', '순수하게 기화한 사고'가 되어 버렸습니다. 게다가 80년대 이후는 「대중의 원상

(大衆の原像)」이란 것을 미토코몬이 도쿠가와 가문의 문장이 새겨진 통처럼 만들어서, 일본 대중이 상대적으로 행복하게 되었으니까 라고 하며, 소비자본주의를 통째로 긍정해 버렸습니다. 여기서 요시모토는 비판정신을 잃고 일본이라는 한 나라에 안주하는 체제 쪽 사상가로 확실하게 전향했다고 생각합니다.

이것은 문예평론가인 다카하시 도시오(高橋敏夫)의 술회인데, 구로다 기오가 후지사와 슈헤이와 대담해보고 싶다는 말을 했다고 합니다.

김시종 같은 야마가타니까 그런가요. 수긍할 만합니다. 품고 있는 생각에 통하는 게 있다는 점을 알겠습니다.

사타카 80년대 이야기라 생각하는데, 다카하시 씨가 구로다 씨에게 위문 겸해서 후지사와의 책을 가져 갔다고 합니다. 그러자 '나와 닮은 점이 있으니 대담해보고 싶다'고 말했다죠. 그러나 구로다 씨의 병세가 악화되어 대담은 실현되지 못했다고.

김시종 그게 실현되었다면 괜찮은 조합이었을 텐데요.

사타카 요시모토와 같은 세대이고, 요시모토와 『시행(試行)』이라는 동인지를 함께 했던 적도 있는 다니가와 간(谷川雁)은 어떻습니까? 시인이기도 했고, 50년대 말부터 60년대 초에는 탄광 광부들의 저항을 조직한 사회운동가이기도 했죠.

김시종 『원점이 존재한다(原点が存在する)』는 정말이지 심취할 정도

로 흥분하면서 읽었죠. 그 사람은 시집도 한두 권밖에 없어요. 그러나 시는 양이 아니니까. 그렇다 해도 『원점이 존재한다』의 한 권의 의미는 원자폭탄처럼 무겁죠.

사타카 저는 다니가와 간의 말년에 「만나지 말았으면 좋았을 오늘밤의 당신(会わなきゃ良かった今夜のあなた)」처럼 만나버렸습니다만.

김시종 그는 지쿠호(筑豊)에서 광부들 투쟁에 깊이 관여한 후 도쿄에서 회사 임원인가 되어 그 자리에 앉은 다음, 노동자 수탈이 아주 심했었다고도 들었습니다.

사타카 테크라는 어학(語學)산업이죠. 조합을 억압했죠. 그 일을 포함해서 재미있는 '다니가와 간론'이 헤이본샤신서(平凡社新書)에서 나왔습니다. 마쓰모토 데루오(松本輝夫)라는 테크에 있던 사람이 쓴 『다니가와 간－영구공작자의 언령(谷川雁－永久工作者の言霊)』이라는 책입니다.

재즈평론가인 히라오카 마사아키(平岡正明)가 다니가와를 동경하여 테크에 들어갔더니 엄청난 독재를 해서 처절하게 싸웠다고 하는데, 그 후 양석일 씨와 의형제를 맺었다죠.

김시종 다니가와 간과 히라오카 씨 사이에 그런 관계가 있었습니까. 나는 다니가와를 전위적 유물사관의 최고 시인이라 생각하고 있죠. 사업과 관련해서 직원을 통제하고 노동 수탈을 했던 것은 현대사회의 인간으로서 왠지 재미있는 면도 있습니다. 다니가와도 자본을 축적해서 회사를 경영한 것이 아닐 테니까요. 은행이나 어디에서 무슨 독촉도 있었겠죠. 이론이 정립된 만큼 경영자 입장에 서면 예민하게 되죠. 그 대단한 인텔리인 다니가와도 자본 앞에서 는 평범한 쁘띠 부르주아였던 것이죠.

사타카 그런 잘못까지 다 합쳐도 요시모토보다는 인간적이죠.

김시종 나도 그렇게 생각합니다.
  오사카시에 있던 서클 시지(詩誌) 그룹이 다니가와를 불러서 두 번쯤 이야기를 들은 적이 있는데, 내가 알고 있는 한 여태까지 그리 고 앞으로도 보기 드문 최고의 선동가였습니다. 굉장히 목소리가 우렁찼어요. 여성들이 좋아했죠. 그것도 지적 수준이 높아 보이는 여성이 잘 따랐을 겁니다.

이시무레 미치코와 일본적 정서 ─────

사타카 다니가와 간과 지쿠호에서 공동생활을 했던 시인 모리사키 가즈에(森崎和江)도 그랬죠. 역시 조직책이라는 자리는 여성에서 출 발하는 것일까요(웃음).

김시종 모리사키 씨가 다니가와 가출할 때, 아이를 버리고 현관 문을 닫는 이야기를 쓰고 있고, 아내를 보내는 남편의 기분이 묘하 게 마음이 쓰여 나까지 슬퍼졌죠.

사타카 모리사키 씨가 쓴 것도 매우 좋죠.

김시종 이시무레 미치코(石牟礼道子)[1]는 영적인 데가 있지만, 모리사키 씨에게는 체감적인 매력도 있습니다. 거기에 식민지 조선에 이주했다는 별개의 시선이 있습니다. 식민지 조선에서의 성장과정을 쓴 『경주는 어머니가 부르는 소리(慶州は母の呼び声)』라는 책은 특히 인상적입니다. 왜 자신이 군국 일본에 완전히 빠졌는지를, 유모였던 불쌍한 조선 여인과 자신을 대비하며 설명해 가는 대목은 마음속 깊이 파고들었습니다. 그것은 역시 시를 쓰는 사람이기에 자기 자신을 볼 수 있는 것이라고 생각했습니다.

사타카 저는 이시무레 씨와는 잘 섞이지 못하는 면도 있습니다.

김시종 어딘가 영적이고 샤먼적인 기질을 갖고 있죠. 『고해정토(苦海淨土)』는 100년이 지나도 나올 수 없을 것 같은 굉장한 책입니다. 지역 사람이 '괴로움을 함께 나눠야 해' 하고, '가져올 것은 아무것도 없지만 함께 괴로워한다'는 그 대목은 특히 인상 깊었죠.

그 저자가 단카를 읊으면 왠지 정감적이 됩니다. 역시 일본적 서정감에서 벗어날 수 없어요.

사타카 중요한 일을 하신 분이지만, 일본적 정감에 얽매어 버린 면이 있어요. 그것이 지금 미나마타(水俣) 문제[2]를 통해 미치코 황

---

1) 1927~2018. 일본의 작가. 시가(詩歌)를 중심으로 문학활동을 펼침. 대표작인 『苦海淨土 わが水俣病』가 절찬을 받아 제1회 大家壯一논픽션상에 선정되었으나 사퇴함.

2) 미나마타병이란 유기수은에 의한 중독성 중추신경계 질환 중, 산업 활동이 발생 원인이 되었다. 그 물질이 환경에 배출되었고 직·간접적으로 사람이 섭취하여 집단 발생하였다. 1956년에 구마모토현 미나마타시에서 공식 발견되어 발생지 명칭으로 명명되었으며 그 후에 유사 공해병에도 그 명칭으로 명명되었다. 1997년에 미나마타만의 안전선언

후와 교류하게 된 것으로도 이어졌다는 생각이 듭니다.

단카와 하이쿠는 조금 다르죠?

김시종 다릅니다. 하이쿠는 시와 공유할 수 있는 면이 꽤 있습니다. 단카보다 글자 수가 제한되어 있기 때문에 어딘가에서 잘라야만 할 부분이 있습니다.

사타카 단카는 궁극적으로 결국 우타카이하지메(歌会始)¹⁾죠. 마지막으로는 천황가의 말씀인 셈입니다. 우타카이하지메는 있어도 구카이하지메(句会始)는 없습니다. 하이쿠는 단카에 비해 하류 취급을 받고 있으니까요.

김 선생님은 지쿠호의 탄광을 거점으로 차별사회를 중층적으로 그린 작가 이노우에 미쓰하루(井上光晴)와 알고 지내는 사이였습니까?

김시종 몇 번인가 자리를 함께한 적이 있습니다. 멋진 사람이었죠. 쫄바지를 입고. 지쿠호 탄광에서 불렀다는 아리랑을 득의양양하게 불렀지만, 전혀 우리말로 부르는 것 같지 않았습니다.

사타카 뼈아픈 말씀이군요.

김시종 나는 '아마 지하 갱도의 어두운 곳에서 소리가 울렸기 때문

후, 어업이 재개되고 있다.

1) 정월 중순 궁중에서 열리는, 그해 첫 어전(御前) 와카(和歌) 발표회.

에 발음은 잘 안 들렸을 거야라고 잘 수습해두기는 했지만요.

사타카 다니가와 간이 모리사키 가즈에와 함께 지쿠호에서, 독자적 공동체인 「서클촌(サークル村)」을 만든 기록문학 작가 우에노 에이신(上野英信) 씨에 대한 인상은요?

김시종 우에노 씨도 멋졌어요. 단 다니가와처럼 예리한 느낌을 주는 사람이 아니라 일상의 대화체로 말을 해요. 내용은 아주 깊이가 있었습니다.

서정과 싸운 나카노 시게하루   ——

사타카 나카노 시게하루(中野重治)[1]는 어떻습니까? 작가이고 시인이며 조선과 깊은 관계를 가진 사람 중 한 사람이었다고 생각합니다만.

김시종 일본에 막 왔을 무렵부터 쭉, 시 작품 「비 내리는 시나가와역(雨の降る品川駅)」을 쓰신 선생님을 존경했습니다. 그렇지만 나카노 선생님의 산문 작품은 치밀하고 딱딱하고 비정서적인 리얼리즘인데, 거의 모든 시 작품은 7·5조의 운율로 일관하고 있습니다.

---

1) 1902~1979. 일본의 소설가, 시인, 평론가, 정치가. 후쿠이현 출신. 도쿄대 입학 후 몇 사람과 『당나귀(驢馬)』 창간. 마르크스주의나 프롤레타리아 문학운동에 참가하고 전후문학을 확립시킴. 1947~1950까지 참의원 의원 역임. 대표작으로 소설 『배꽃(梨の花)』 등 다수, 시집 『나카노 시게하루 시집(中野重治詩集)』 등이 있음.

당시의 시대적 리듬감이었겠지만, 그 리듬감으로는 아무래도 주정적(主情的)인 시가 되죠. 나카노 선생님에게 시는 심정적으로 스며들어가는 것, 즉 호소력이 짙은 것으로서, 운동 의식과 함께 존재하고 있었던 것 같다고 생각할 수 있습니다.

사타카 어떤 의미로는 서정적이라고도 말할 수 있겠네요.

김시종 그렇습니다. '서정적'이라 하면 금방 단카적 서정과 연결시켜버리지만. 나카노 선생님의 시의 서정은 그 선생님의 지향성을 감싸고 있는 양수(羊水)와 같은 것입니다. 시의 리듬에 대해서는 꽤 깊이 고민했다고도 생각합니다.

사타카 일본적인 서정과 격렬히 싸운 사람이죠. 「노래(歌)」라는 시에는 '너는 노래하지 마라/너는 개여뀌 꽃과 잠자리의 날개를 노래하지 마라(おまえは歌うな/赤ままの花やとんぼの羽根を歌うな)'가 있어요.

김시종 나는 몇 년 전 단체로 후쿠이(福井)를 둘러본 적이 있었는데, 다카미 준(高見順)의 생가도 방문하고, 돌아오는 길에 나카노 선생님의 생가에 들렀습니다. 도서관에 나카노 시게하루의 기념문고가 있었고 거기에 내 시집이 놓여있었습니다. 내 처녀시집이. 기뻤습니다. 조선의 젊은이가 쓴 시집이어서 특별히 신경 써 주셨던 것이죠.
　나카노 시게하루 선생님을 생각하면 여동생인 스즈코(鈴子)가 그리워져요. 스즈코가 우리나라 사람들 때문에 얼마나 모진 고초를 겪었는지. 스즈코가 돈을 쏟아부은 김용제(金龍濟)란 작자는 일본에서 격렬한 프롤레타리아 시를 써서 멋은 있었지만, 쫓기듯이 자기 고향에 돌아간 후 처절한 성전 완수의 시를 썼죠. 식민지 조선에서 우리말을 쓰지 못하게 된 후, 조선에서 최고 문학상이 만들어졌습니다. 조선총독부 문학상입니다. 성전을 완수한 그의 시가 제1회 총독상에 뽑혔습니다.

스즈코는 그의 뒤를 쫓아 조선 벽촌까지 찾아가지만, 김용제의 집에는 본처가 있었죠. 돈만 잔뜩 갖다 바친 꼴이 된 스즈코는 상심한 채 돌아와서 자기 친정에서 하던 농사를 짓기로 했어요. 나카노 시게하루를 생각하면 여동생의 일도 있고 해서 고개를 들 수 없을 정도입니다.

사타카　김 선생님은 김용제와 교류가 있었습니까?

김시종　교류는 없었습니다만, 저작은 다 가지고 있습니다.

사타카　제가 교사가 된 바로 그즈음, 당시 일교조(日敎組)의 주류는 사회당이었지만, 반주류이고 열심히 싸우고 있던 것이 공산당이었습니다. 싸운 후에 밥을 먹거나 하면 입당 권유가 시작됩니다. 그때 보호막이 됐던 것이 나카노 시게하루입니다. 공산당은 나카노 시게하루를 쫓아낸 일로, 그의 이름을 대면 그들도 존경심을 품고 있었으니 더 이상 권유는 안 하죠. 당시 나카노 시게하루가 『전망(展望)』에 「춘하추동(春夏秋冬)」을 연재하고 있었고, 그것을 숙독하면서 입당 권유를 견뎠던 경험이 있습니다.

김시종　국제파와 알력이 있던 시기에도, 나카노 시게하루 이름을 대면 공산당 주류파도 대놓고는 비판하지 않았습니다.

사타카   왠지 나카노 시게하루 어딘가에 기품이 있어 보였습니다. 그를 어떻게 평가합니까?

김시종   기품이 있다기보다 사고의 품격이 높다고나 할까. 나카노 선생님이 '재주는 팔아도 사상은 팔지 않는다'고 말씀하셨다고 하는데, 패전 후의 일본에 대한 시대의식은 상당했습니다. 나는 나카노 선생님의 책을 많이 읽지는 않았지만, 읽은 내용 한마디 한마디는 아주 잘 기억하고 있습니다. '공산당은 혁명이 이루어진 후, 무엇을 할 것인가. 할 일이 없는게 아닌가.'라는 질문에 답한 말씀이었는데, '혁명이 일어나면 일어난 대로, 보다 좋은 사회를 위해 싸우는 것이다. 혁명은 끝나지 않는다. 문학 역시 그렇다. 모양이 만들어지면 반드시 정체가 시작되고 정체는 반드시 낡은 쪽으로 흘러간다. 창작하는 일에 단락도 끝도 없다'. 젊은 활동가로서 그 말에 매우 분발했죠.

사타카   하니 고로(羽仁五郎)가 '천황 뒤에 어머니가 따라온다'고 말했습니다. 즉 정감에 관한 이야기입니다. 교육칙어적인 가족주의가 천황제에 연결되어 있는 것, 그것이 일본 사회의 사상 풍토로서 미리 뭔가를 말하고 있다고 생각합니다. 그렇게 말한 하니 고로가, 나카노 시게하루는 일본 시인 가운데 유일하다고 할 정도로 어머니에 대한 글을 쓰지 않았음을 주목했습니다. 그저 나카노 시게하루가 전후 얼마 안 되는 시 가운데 「그 사람들(その人たち)」이라는 작품이 있고, 이것은 공산주의자로서 격렬하게 싸웠던 아들과 딸

을 가진 어머니를 노래한 것이므로, 어떤 의미에서 일본적인 '모정(母情)'을 뒤집는 내실을 갖고 있습니다.

역시 서정을 가장 쉽게 노래하는 것은 어머니에 대한 것이죠.

김시종   거기에는 곧 모든 것이 연결되죠. 공통의 감정처럼 정감은 공유할 수 있기 때문이니까요.

그렇지만 나카노 시게하루가 어머니에 대해서 글을 쓰지 않았다는 말은 처음 들었습니다. 사타카 씨는 정말로 폭넓게 읽고 계시네요. 진짜 무서운 사람이야.

제 3 장

사회주의와 기도

'아니오(いいえ)'는 일본인의 생활의 지혜 ——

사타카 김 선생님은 일본어의 '아니오(いいえ)'를 특수한 일본적인 말이라고 말씀하시죠. 완전 부정이 아니라, '아니오(いいえ)'는 부드럽게 와닿는다고.

김시종 부드럽게 받아넘기는 부분이 있지 않나요? 한국어는 영어처럼 '~이다', '~이 아니다' 밖에 없어요. 그런데 일본어의 '아니오(いいえ)'는 중간적 부정입니다. '아니오(いいえ)'란 '그렇지 않다(そうではない)'고 잘라 말하는 것이 아닌, 완전 부정은 아니라는 느낌입니다. 거기서 일본인이 살아가는 생활의 지혜 같은 것을 느낍니다.

사타카 일본인은 예스, 노가 분명치 않기 때문에 그 부분을 고치라는 말을 자주 듣습니다. 대략 제 감각으로 보면 '아니오(いいえ)'도 부정처럼 보입니다만.

김시종 '아니오(いいえ)'는 상대가 말하는 내용을 근본적으로 부정하는 느낌이 들지 않고 부드럽게 부정하는 느낌입니다. 예를 들면 한국어로는 '다르다(違う)'입니다.

사타카 김 선생님은 식민지 조선에서의 국민학교 시절, '아니오(いいえ)'라고 말하지 못해서 교장 선생님으로부터 따귀를 맞은 일이 있다고 했죠?

김시종 예. 조회시간 전부터 운동장에 나와 있던 교장 선생님이

줄넘기를 했던 굵은 밧줄 토막을 가리키면서 "이것은 네가 떨어뜨린 것이지"라고 묻자, 나는 당당하게 "그렇지 않습니다(違います)" 하고 대답했죠. 그 순간에 세게 따귀를 맞았습니다. 조회가 시작될 때까지 계속 때렸습니다. 교장 선생님도 조선 학생이 미워서 때린 것은 아니죠. 조선 학생도 천황폐하의 백성으로 키워내기 위한 부모의 심정으로 꾸짖었던 것이죠.

사타카　그때, 김 선생님은 어떤 기분이었습니까?

김시종　코피를 흘리면서도 원망스럽지는 않았어요. 훌륭한 일본인이 되기 위한 처벌이라고 오히려 자기반성을 할 정도였습니다.

사타카　김 선생님은 그때 뭔가를 발견했군요.

김시종　저로서는 큰 발견을 했습니다. '아니오(いいえ)'라는 말이 뼈에 사무쳤습니다. 일본어에만 있는 단어입니다. 어떤 것도 정면으로는 대꾸하지 않는다는 뜻으로, 공적인 관계에서는 더욱 그렇습니다. 줄거리를 얼버무리는 일은 있어도 강하게 부정하지는 않습니다.

다테마에의 쿠션　　　　　　　　　　——

사타카　바꿔 말하면 부정인지 긍정인지 모르겠다는 말이기도 하네요.

김시종　상대를 얼떨떨하게 만들 수 있는 말이기도 하죠. '아니오(い いえ)'라고 말하면 어느 쪽으로도 갈 수 있습니다. 상대방에게 상처를 주거나 체면에 손상을 주지 않는 상태로 상대를 부정할 수 있죠.

사타카　상대방의 체면을 손상시키지 않게 해서, 결국 자신을 지키게 된다는 말이군요.

김시종　조리 있게 일을 처리하는 것보다는 풍파를 일으키지 않게 하는 것이 좋다는, 일본인의 오랫동안 지속된 처세술이 '아니오(い いえ)'라는 말 속에 담겨있는 게 아닐까요.

사타카　오에 겐자부로(大江健三郎)는 아니지만 「애매한 일본의 나(あ いまいな日本の私)」에 대한 이야기군요.

김시종　아니죠. 애매가 아니라 지극히 익숙하게 대응하는 부정이라고 생각합니다. 올림픽을 앞두고 「접대(오모테나시, おもてなし)」라는 말을 잘 쓰고 있습니다. 접대는 결국 사람을 대하는 방법적인 문제죠. 인사하거나 예를 갖추거나 배려하는 등의. 접대받는 외국인들은 정말로 일본인은 '이렇게나 배려심이 많고 상냥한 사람들'이라고 생각하겠죠. 그렇지만 「접대」를 "해 드리다"는 것처럼 하면 살짝, 놀리고 싶어지기도 합니다. 앞이 없으면 뒤만 있다(オモテなし なら、ウラばっかりじゃ)[1]라고요. 그 뒤만 있는 실제의 것은 밖으로 표

---

1) 일본어에서 オモテ(오모테)는 '앞', ウラ(우라)는 '뒤'라는 의미로 オモテなしなら、ウラ ばっかりじゃ는 언어의 한 유희로 사용함.

출되지 않고 부드럽게 사람과 접촉할 수 있습니다. 그것에 유효한 단어가 '아니오(いいえ)'라는 마음 씀씀이기도 합니다.

사타카　무슨 생각을 하고 있는지 모르겠다는 말씀이네요. 말이 심정을 솔직하게 전달하는 것이 아니라 오히려 솔직함을 회피하는 '다테마에(立て前)[1]의 쿠션'이 되고 있네요.

김시종　'아니오(いいえ)'는 실제로 훌륭한 쿠션이죠. 시간차를 둬서 준비할 수 있고 상대방의 기분을 거스르지 않게 할 수 있어서.

사타카　실제로는 쿠션을 없애야만 할 때도 있죠. 모리토모·가케(森友·加計) 문제로 한꺼번에 유명해진 「손타쿠(忖度)」란 말은 어떤 느낌입니까?

김시종　손타쿠라는 말은 중국어에서 들어온 말입니다만, 우리나라에도 있습니다. 한국어로는 '마음을 헤아리다'.[2] 상대방의 마음을 헤아린다고 말합니다.

사타카　일본 회사에서 손타쿠는 상사의 면책 상황에서 아주 유효하게 쓰입니다. 알아서 부하가 손타쿠를 해 주니까.

---

1) 다테마에(立前)란 표면적인 원칙, 방침이란 뜻으로, 흔히 혼네(本音)와 대비하는 용어로 사용한다. 즉 진심을 감추고 표면적인 모습, 겉내, 행동 등을 가리킨다.
2) 손타쿠(忖度)는 '남의 마음을 헤아리다'라는 원래의 뜻을 넘어, '윗사람이 원하는 바를 미리 헤아려 명백한 지시 없이 스스로 일을 처리한다'는 의미로 통용된다.

김시종　우리말의 경우, 마음을 헤아린다는 것은 상사가 마음을 쓴다는 의미로도 씁니다. 일본어의 손타쿠는 확실히, 부하들이 상사의 마음을 헤아려서 대응한다는 의미이지요.

대의명분을 내세우는 데 준엄한 한국인 ──

사타카　예를 들면 박근혜의 기밀누설이 발단이 되어 밝혀진 권력의 사유화에 대한 탄핵에서도 보듯, 학생도 노동자도 길거리에 나와 확실하게 의사 표시를 하고, 미디어도 정당한 비판력을 갖고 있는데 일본에는 그게 없어요. 안보법제 때에 SEALDs(Students Emergency Action for Liberal Democracys:자유와 민주주의를 지키기 위한 학생 긴급 운동)가 두드러지게 반대운동을 해서 주목받기는 했지만, 강압제지의 처참함에 걸맞은 항의의 목소리는 들을 수 없었습니다. 그것은 역시 '아니오(いいえ)'라는 어중간한 부정을 하는 정신풍토의 사회에서 분노의 표현이 자제되어 버린 면은 없을까요?

김시종　말씀하신 대로입니다. 박근혜 문제에서 보면 비서나 측근 보좌관들이 체포되거나 검찰에 소환되기도 하지요. 그 사람들은 그 사람들대로 박근혜 대통령이 명령을 내리지 않아도 상사의 마음을 헤아려서 행동하는 사람들이라고 생각합니다. 일본적인 해석의 손타쿠라는 단어가 내년부터는 한국어 사전에 실릴지도 모르겠습니다.

　말씀하신 대로 대의명분을 내세우는 점에서는 일본인과는 비교할 수 없을 정도로 한국인은 준엄합니다. 그 당시의 '촛불집회'는 그것을 말하고 있습니다. 그런데 일본에서는, 한국인은 감정적이어서 생각과 행동을 따라갈 수 없다는 사람도 많다고 듣고 있습니다.

사타카 그것은 '아니오(いいえ)'라는 쿠션 없는 사회의 격렬한 반항이기도 하지요.

김시종 그렇죠. 세상에서 자주 회자되는 말입니다만, 서민 감정, 서민 의식으로서 일본인은 속내(本音, 혼네)를 털어놓지 않는 면이 있지요. 도호쿠(東北) 지방 사람[1]은 어떻습니까?

사타카 속내 표출을 억제해왔다고 생각합니다.

김시종 도시화 현상 중, 일본인의 커뮤니케이션에서는 도시라는 곳에서 더욱 속내를 털어놓지 않게 될 것 같네요. 우리나라 사람은 우선 속내를 말하고 서로 부딪치고 난 후에 친해지기 시작합니다. 일본인은 한국인을 거칠고 싸움꾼이라 생각하는 면이 많은 것 같지만, 제 관점에서 보면 거북한 것은 일본인 쪽입니다. 한국인은 접대와 같은 가식이 아니라 까놓고 이야기합니다. 지금은 현대화되어 꽤 바뀌었지만 80년대 정도까지는 길을 물어도 '저기'라고 퉁명스럽게 말할 뿐, 정확하게 응대해주지도 않았다고 쓴 사람도 있습니다. 모르는 사람, 교류가 없는 사람에게는 무뚝뚝하죠. 겉치레로 말하는 것은 품위 없다고 생각되는 경우도 있습니다. 조선시대

---

1) 일본 미야기현 등 도호쿠 지방에 살고 있는 사람.

의 여파겠죠. 그러나 한번 사귀게 되면 한쪽 팔 하나를 떼어내 줄 정도로 친밀감을 갖습니다. 그러니만큼 한번 감정적 충돌이 있으면 회복하기 어려운 관계가 되어 버립니다.

'생리언어'로 계승되는 재일(在日)[1]의 감성 ——

김시종 나는 식민지 치하에서 성장하여 일본어로 나 자신의 의식을 키워왔기 때문에 식민지 통치의 종주국 일본에 대해서 지금도 애증이 교차하는 감정을 가지고 있습니다. 그러면서도 나는 복싱을 좋아해서 자주 보는데, 일본인 선수와 아닌 선수가 시합하면 반드시 일본인이 아닌 쪽 선수를 응원합니다. '한 방 먹었으면' 하는 생각으로. 이렇게 매일 일본인과 만나고, 일본의 시민사회 속에서 함께 생활하고 있는데 왜 일본을 응원하지 않는 것인지. 그건 나처럼, 식민지 통치를 거친 사람이기 때문인 건가 싶기도 합니다.

전후에 자란 재일한국·조선인들도 그 같은 생각이 있을 것입니다. '생리언어(生理言語)'라는 단어가 있습니다. '생리언어'란 내가 만든 말입니다만, 그것을 통해 재일한국·조선인 속에 세대를 뛰어넘어 계승되는 취향이나 감각 같은 것이 있습니다. 지금 재일한국·조선인 4, 5세 아이들이 일본의 고등학교를 다니고 있는 시대이므로 일본인처럼 '아니오(いいえ)'라 말하고 껄끄럽지 않게 정리해가

---

1) 재일한국·조선인(在日朝鮮人)이란 재일외국인 혹은 재류외국인을 말한다. 원래는 모멸적 의미는 없지만 일본에 영주권을 가진 중국·한국·조선 국적의 사람들에게 약간의 모멸적 의미를 가진 형태로 사용되는 경우도 있다. 이 책에서의 재일(在日)은 일본에서 차별받고 멸시받는 의미가 포함된 재일한국·조선인·한국인을 의미한다.

는 사교술을 다 배웠겠지만, 그래도 역시 일본인들에 비해 까놓고 말하는 감각 같은 것도 계승되는 것 같습니다.

사타카　구로다 후쿠미(黒田福美)라는 여배우가 있습니다. 그녀는 한국에 가면 마음이 편안해진다고 합니다.

김시종　그녀의 말로는 한국인은 겉과 속이 같다고 하죠.

우리나라 민족적 관습의 특질이라고도 말할 수 있습니다만, 무턱대고 칭찬하지 않습니다. 싫으면 싫다고 확실히 말합니다. 일본의 생활 의례 속에서 그렇게 하면 절교를 당하죠. 과도하게 칭찬하면 경박하게 보입니다. 반대로 거친 반말로 친밀함을 표시하기도 합니다. 침 발린 칭찬은 하지 않습니다.

생활이 밀집해 있는 재일한국·조선인의 집단 거주 지역에서 갓난애를 안고 있는 어머니를 만났습니다. 나이 든 아주머니들은 "귀엽다"고 말하지 않아요. 오히려 반대로 아이의 볼을 꼬집으면서 "이 팔푼이가"라고 말합니다. 귀여운 것을 귀엽다고 말하지 않습니다. 제주도 사람들은 "이 보리떡"이라고 말합니다. 떡 가운데 보리떡은 먹을 만한 음식이 아니죠.

일본인도 서로 친해지면 거리낌 없이 거친 말을 합니다만, 우리나라는 예로부터 친근감을 부를 요량으로 거침없이 바로 말합니다. 일본인 입장에서 보면 거칠고 천박해 보이기도 하고 품위 없이 보일지도 모르겠습니다.

사타카　예를 들면 김 선생님과 친한 김석범(金石範) 씨는 형님뻘이고 양석일 씨는 동생뻘이지요? 호칭을 부르거나 얘기할 때는 어떤 식으로 합니까?

김시종　선배에게는 말을 조심스럽게 합니다. 김석범 선생에게는 형이라 말하고 경어를 씁니다. 석일이와는 나이 차이가 8살이어서 그가 나를 '아저씨(옷상, おっさん)'라 부릅니다. 나름대로 경의를 표하는 것이지요. 물론 정중한 표현을 쓰지 않아요.

재일한국·조선인의 일본어는 　　　──
우선 일본인 눈에 띈다

사타카　석일 씨는 모범답안이 아니죠(웃음).

김시종　그가 조금 잘나갈 때 전화가 왔는데 정중한 표현을 썼어요. 위화감을 느끼면서 통화하는데 "아저씨, 역시 안 되겠다. 하던 대로 할게"라면서 이제까지 하던 대로 되돌아갔어요. 그가 유명해졌을 때부터는 억지로 나에게 경어를 쓰려고 했던 시기가 있었지만 모양 빠져서 둘 다 그만뒀지요. 나는 두드러기가 날 정도였죠.

　석범 씨와는 세 살 차이고 맨 처음 만난, 문학을 하는 사람 중에 연장자여서 깊은 존경심을 가지고 있습니다. 그렇지만 나는 석범 씨에 대해서 좋지 않게 보는 점도 있어요. 말을 하거나 강연을 할 때 본론에 이르기까지 빙빙 돌고 돌아 정작 중요 지점에 가면 시간이 다 되어버리는 일이 종종 있죠. 히토쓰바시대학인가 국제기독교대학에서 두 사람을 부른 적이 있는데, 당연히 내가 먼저 말하기로 되어 있었는데 "안 돼, 시종이가 먼저 말하면 내가 말하기가 거북해져"라면서 자신이 먼저 나와 제멋대로 말하기 시작해요. 마치 개구쟁이처럼.

사타카 석범 씨는 『화산도』로 상을 받았을 때, 심사위원을 향해 "당신들, 읽지 않았지"라고 말한 적이 있다고 하대요.

김시종 그게 그분다운 점이지요. 대개 그런 7권이나 되는 대작을 전부 읽는 사람은 거의 없어요.

사타카 욕으로 친근감을 나타내는, 하나의 스타일이 있다는 것이군요. 제주도 4·3사건을 둘러싼 두 분의 대담집이 있지요?

김시종 『왜 계속 써왔는가, 왜 침묵해 왔는가─제주도 4·3사건의 기억과 문학(なぜ書きつづけてきたか なぜ沈黙してきたか─済州島四·三事件の記憶と文学)』(平凡社라이브러리)라는 책이죠. 그 대담에서도 '멍청이' 소리를 들은 적이 있습니다. 남로당(남조선노동당)에 입당했을 때, 오른쪽으로는 돌아가지 않고 목적지에 도착하려고 해서 고생한 이야기를 하자 김석범 선생께서 웃었어요.

장편시집 『니가타』와 귀국 운동 ──

사타카 두 분은 신뢰관계가 있어서 진심어린 욕질을 할 수 있는 것이겠죠.

　　김 선생님은 50년대 중반 즈음, 조총련으로부터 일본어로 글을 쓴다는 이유로 비판받은 적이 있죠? 일본어로 일본문학에 아첨하고 주체성을 상실한 놈이라고. 결국에는 민족 허무주의자로 낙인까지 찍혀 북한작가동맹으로부터도 비판받았다고 들었습니다.

김 선생님은 뺨까지 맞아가며 '아니오(いいえ)'라는 말로 다 구현하는, 정체를 알 수 없는 일본적 풍토를 알고 일본어의 미묘한 부분까지 체득하고 있죠. 그래서 일본어로 발표하지 말라는 말을 들으면 표현 행위를 하는 사람으로서는 정말 견디기 힘들지 않았나요.

김시종 그래서 나는 11년간 표현 행위로부터 구속을 받았습니다. 쓴 것을 중앙위원회(조총련)의 비준을 받으라는 말까지 들었어요. '비준'이란 검열을 의미합니다.

그런 일이 10여 년 계속되었습니다. 지금도 되돌아보면 감정이 복받쳐 오릅니다. 정말로 미치지 않은 것이 다행이었다고.

사타카 그 시절, 발표할 수는 없어도 작품 활동은 계속했나요.

김시종 비판이 한창일 때인 1959년 12월에 귀국 제1선이 북한으로 출발했습니다. 그 당시에 이미 나는 북한의 국가적, 사회적 시스템을 알고 있었고 김일성의 허상에 대한 자료도 입수했습니다. 귀국선 개시를 계기로 2개월쯤 걸려 쓴 것이 장편시집 『니가타(新潟)』입니다. 발표할 곳이 없어 1970년에 겨우 고조샤(構造社)라는 작은 출판사에서 나왔지만 페이지가 엉망진창이었죠. 20페이지 정도 백지인 책도 있었어요.

70년에 『니가타』를 내면서 나는 조총련의 모든 규제를 벗어던졌어요.

사타카　김 선생님이 『니가타』를 쓴 시대란 정확하게 되돌아볼 필요가 있다고 생각하는데, 당시 재일한국·조선인들이 처한 입장까지 같이 덧붙여 좀 더 말씀해 주실 수 있을까요?

김시종　니가타에서 귀국선이 출발할 당시는 재일한국·조선인의 시민적, 민족적 권리는 제로상태였습니다. 생활 보호를 받고 있는 비율도 단연 으뜸이고 해서 일본 정부로서는 그야말로 골칫거리를 해결하는 적절한 타이밍의 귀국사업이었습니다. 똑같이 고생할 거라면 북한으로 돌아가 자기 나라의 부흥건설에 참여하겠다는 마음이어서 재일동포 사회는 열광했습니다. 그런데 일본에서 고국으로 귀국한 동포들을 북한 정부, 실질적으로는 노동당 정권이라고 해야 하는데, 자본주의의 물에 흠뻑 젖은 귀국자들로 보는 관점을 가졌기에 특히 생활 규제를 엄격하게 했죠. 식량 사정도 어려웠고 생활 물자도 크게 부족했습니다. 실제로 희망을 걸만한 국가 체제가 아니었죠.

　당시 일본인들에게도 북한은 남한에 비해 인기가 있던 시대였기 때문에 내가 처해 있던 정치적, 조직적 곤경 상태 따위는 그다지 눈에 띄는 것도 아니었습니다. 재일동포 사이에서도 불순한 사상을 가진 샘플로밖에는 보이지 않았고, 북한의 국가적 권위를 등에 업고 권력을 휘두르는 조총련의 조직적 권위는 그야말로 날아다니는 새도 떨어뜨릴 정도의 시대였습니다.

　장편시집 『니가타』는 본국에서 넘을 수 없던 38도 선을 일본에서 넘는다는 발상이 직접적인 모티브가 된 작품입니다. 북위 38도 선은 니가타 북부를 지나가기 때문에 지형적으로는 니가타를 북쪽으로 빠져나가면 실현됩니다. 그러면 앞으로 어느 쪽을 향하면 좋을까? 결국 일본에서 꿋꿋하게 살아갈 수밖에 없습니다. 내 평생의 명제가 된 「재일(在日)을 산다」는 그렇게 해서 내 사고의식으로 정착되었습니다.

사타카　장편시집 『니가타』에서는, 북한 귀국운동의 모습도 물론 그리고 있지만, '숙명의 위도를/나는/이 나라에서 넘는 것이다'(「I 간기(雁木)[1]의 노래」)라든가 혹은 '그것이 설령/조국이라 해도/자기가 더듬어서 찾아낸/감촉이 있는 것이 아닌 한/육체는 이미/기대하지 않는 것이다'(동)와 같이 일본에 있는 자신의 모습을 깊이 응시할 수 있고 이 한 몸으로 재일한국·조선인이 처한 정치적 모순을 넘을 것이라는 각오가 전해지는 것이 감동적입니다. 거기서 김 선생님의 평생의 테마인 「재일을 산다」는 명제가 나온 것이군요.

왜 북한에 의구심을 갖기 시작했던가 ──

사타카　귀국운동에 대한 이야기인데, 신숙옥과 기시 노부스케(岸信介)에 대한 이야기를 한 적이 있습니다. 신숙옥이 꽤 많이 조사한 것 같았는데, 기시는 귀국사업에 관련이 있더군요. 즉 기시의 머릿속에는 이 기회에 재일한국·조선인들을 쫓아내 버리겠다는 목적이 있었던 것은 아닐까요.

---

1) 간기(雁木)란 눈이 많이 오는 니가타현에서 상점가의 추녀에 긴 차양을 내리고 그 밑을 통로로 삼는 것

김시종   당연히 그렇게 생각할 수 있습니다. 재일한국·조선인은 당시, 설사 대학을 졸업해도 일자리 같은 건 없었고 즉, 노동권 보장 따위는 아예 없는 시대였습니다. 영세 기업을 꾸리는 데도 일본인 보증인을 세우지 않고서는 시중은행은 물론 신용조합과의 거래도 뜻대로 되지 않는 상황이었으니까요.

사타카   당시 산케이신문마저도 북한을 예찬하는 기사를 쓰고 있습니다.

김시종   재일동포를 받아들이다니 정말이지 북한은 훌륭하다고 감탄하는 논조였죠.

사타카   산케이 기자가 북한에 가서 감격했다는 기사도 있었습니다.

김시종   60년대 중반쯤까지는 일본에서도 널리, 북한은 미국과 끝까지 싸운 정의로운 나라라는 생각을 했을 정도였으니까요. 나도 60년대 초반까지는 김일성 장군을 신격화하는 국가 체제에는 계속 의문을 가지면서도, 이승만 정권 하의 한국과는 비교할 수 없을 정도의 나라라고 믿고 있었습니다.

사타카   김 선생님이 그 믿음에 위화감을 느끼기 시작한 계기는?

김시종   김일성 체제의 북한에 대한 의구심의 시작은 식민지 통치 하의 창작집단이었던 카프(조선프롤레타리아예술가동맹)의 주요 멤버 중 한 사람이었던 시인 임화(林和)가, 한국전쟁 휴전협정 직후 스파이 용의로 처형된 일입니다. 그의 시에서 노래한 「인민항쟁가」는 일본의 반전집회에서도 자주 불렸던 노래였습니다.

나에게는 신적인 존재입니다만, 남로당 서기장이었던 박헌영(朴憲永)이 김일성 다음으로 북한노동당 부위원장 자리에 있었는데 분파를 만들고 반당적 행위를 했다고 해서 잇따라 처형되었습니다.

그 무렵부터 김일성에 대한 존경과 북한에 대한 동경에 먹구름이 끼어갔습니다. 또 하나는 소위 건국신화에 대한 의구심입니다. 1945년, 소련군이 8월 9일에 대일참전을 해서 한반도로 남하해 왔어요. 그것은 베를린 함락 후 연합국 측의 요청으로 들어왔던 것이죠. 소련군은 순식간에 38도 선까지 내려와 북한을 점령했어요. 60년대 초, 조총련에서는 『김일성 빨치산 회상기』를 아침부터 밤까지 학습했습니다. 그런데 백두산 밀림지대를 근거지로 삼고 있던 빨치산부대가 정말로 있었다면 왜 소련군이 침공해 왔을 때 자기 나라로 함께 들어오지 않았을까. 압록강과 두만강은 적어도 10분이면 건너올 수 있는 것으로 잘 알려진 강입니다. 빨치산부대가 참전할 수 없었던 것은 거기에 없었기 때문입니다.

없었던 것을 어떻게 평가해야 할지에도 문제가 있죠. 관동군은 100만 병력을 자랑하는 세계 최고라고 알려진 정예 병단입니다. 그 정도의 큰 병력과 싸움을 벌이다가는 겨우 이 삼백 명의 김일성 빨치산부대 따위는 당랑거철(螳螂拒轍), 즉 자기 분수도 모르고 무모하게 덤비는 격이죠. 그렇지만 계속 싸워서 결국 블라디보스토크의 오지로 퇴각하여 소련군의 원조를 받게 됩니다. 왜 그것을 감추는 것인가. 강적을 상대로 아주 작은 저항이라도 하면서 계속 싸운 김일성부대를 왜 감출 필요가 있을까. 오히려 그것이야말로 자랑스럽지 않은가. 김일성은 해방일인 8월 15일에 우리나라에 없었죠. 9월 19일이 되어 소련 화물선으로 원산에 왔습니다. 그것을 모두 감춰 버리죠. 자기 나라가 해방될 때, 날이 가는 줄도 모르게 끊임없이 계속 싸워온 항일투사들이 함께 입성하는 것은 당연하죠. 선두에 서는 것이 당연해요.

「재일을 산다」는 명제 ──

사타카   신화의 근저에 깊은 의구심이 생긴 것이군요.

김시종   조국이 해방되어 아버지로부터 김일성이 어떤 사람인지를 자주 듣게 되었습니다. 나이가 맞지 않는다고 고개를 갸우뚱거렸습니다. 식민지 당시부터 김일성 장군이라는 항일투사의 이야기는 신화처럼 이야기로 전해졌다고 말했습니다.

사타카   김 선생님이 북한으로 귀국했다면 처형되었겠죠.

김시종   나는 조총련으로부터 비판받지 않았다면 가장 먼저 북한으로 귀국했을 겁니다. 이미 죽었겠지요. 사촌 형이 귀국선을 타기에 니가타 적십자센터까지 간 적이 있는데, 들어가지 못하게 했습니다. '사상이 불순한 샘플'이었기 때문에 살아남게 되었습니다.

사타카   김 선생님은 그야말로 찍힌 인물이었군요.

김시종   찍혀도 아주 단단히 찍혀서 인간 취급을 받지 못했죠. 소위 조직이라는 데가 침 뱉을 만한 짓을 하고 있었으니까요.

아까 사타카 씨가 말했습니다만, 『니가타』라는 시는 38도 선을 어떻게 넘을 것인가라고 하는, 제 마음의 갈등을 쓴 것입니다. 내가 「재일을 산다」는 말을 꺼내기 시작한 것은 1959년 말 즈음이었습니다.

사타카　그렇지만 『니가타』가 실제로 시집으로 출간되는 데에는 1970년까지 기다려야만 했죠.

김시종　단순히 기다리고 있었던 것은 아니고 10년간 몹시 거친 생활을 했으니까요. 겨우 살아남았다 싶을 정도로 술을 마셨습니다. 곁에 양석일이 있었어요.

사타카　저는 석일 씨가 거친 생활을 했다고 생각했습니다. 오히려 김 선생님이 했군요.

김시종　생활을 꾸릴 방도가 전혀 없었어요. 대학 시간강사 자리가 나오면 곧 항의가 들어가 조일 친선에 방해가 된다면서 허사가 되었어요. '아파치족'이 됐던 것도 이 시기입니다.

사타카　석일 씨가 '아파치족'을 그린 『밤을 걸고(夜を賭けて)』 속에는 김 선생님이 모델이 된 김성철이라는 시인이 등장합니다. 오사카에 있던 구 일본군 병기공장 자리에서 철을 도굴했던 재일한국·조선인들의 생존투쟁을 되살린 걸작이라 생각합니다. 그때가 김 선생님이 시를 쓸 수 없게 되었던 시기군요.

김시종　　그렇습니다. 나의 제3시집 『일본풍토기Ⅱ(日本風土記Ⅱ)』가 이즈카서점(飯塚書店)에서 출판될 예정이었는데 그것도 조총련이 불만을 제기해 깨져버렸고 원고마저 흩어져 없어졌습니다.

　　김시종에 대한 논문을 써서 박사학위를 딴 사람이 두 명 있는데, 그중 한 사람인 아사미 요코(浅見洋子)라는 여성이, 흩어져 없어진 원고가 맨 처음 실렸던 잡지 등에서 시를 70% 가까이 찾아내어 수제시집으로 만들어 주었어요.

사타카　　『니가타』에 주석을 상세하게 단 사람이죠.

김시종　　그렇습니다. 『일본풍토기Ⅱ』를 이즈카서점에 연결해 준 사람이 구로다 기오였어요. 구로다 기오에게 많은 도움을 받았습니다. 나는 일본 출판계에 전혀 연결고리가 없었지요. 구로다 기오는 신일본문학회 사무원이었고 몸이 나빠지기 시작할 무렵이었지만, 이즈카서점의 편집장이었던 시인 세키네 히로시(関根弘)와 연결시켜 주었죠.

사타카　　제3시집을 복원한 아사미 씨는 어느 대학에 있었나요?

김시종　　오사카부립대학입니다. 그 대학 시간강사였던 사람이 내 『이카이노시집(猪飼野詩集)』을 교재로 강좌를 개설했고, 학생이었던 아사미 씨는 그 강의를 듣고 있었어요. 처음으로 알게 된 조선인 세계였다고 합니다. 말을 더듬거려 사람들 앞에서 말을 하지 않았던 사람입니다만, 그 후 극복했죠.

사타카 아사미 씨 자신의 연구도 귀중하다고 생각합니다만, 흩어져서 없어진 시를 찾아내어 시집으로 만든 일은 문학사 상, 실로 중요한 일입니다.

온몸을 내던진 반전운동, 스이타 사건 ——

사타카 그러고 보니 『니가타』에는 50년대 초에 발생한 스이타(吹田) 사건[1]의 데모 대열에 관한 것도 들어 있네요. 김 선생님은 스이타 사건 때도 맨 앞에서 싸웠다고 들었는데, 그 투쟁에 공산당 지령 같은 것을 받아 참가했던 건가요?

김시종 한국전쟁 발발 2주년인 1952년 6월 25일, 한국전쟁과 전쟁 협력에 반대하는 평화를 위한 투쟁이, 군수열차를 정지시키는 일이었습니다. 이것은 「민대(民族對策部)」 조직을 통해서 지령을 받았습니다.

사타카 민대라는 건, 공산당의 어떤 기관입니까?

김시종 그렇습니다. 당시는 조총련의 전신인 「민전(在日朝鮮統一民主戰線)」의 시대로, 재일한국·조선인 공산당원은 1국 1당의 원칙에 따라 일본공산당 지도 하에 입회하는 형식을 취했습니다. 재일한

---

1) 1952년 6월 24~25일에 오사카부(大阪府) 스이타시(吹田市) 도요나카시(豊中市) 일대에서 발생한 소요사태와 그에 대한 재판을 가리킨다.

국·조선인 당원이 매우 많아 민족대책부가 만들어지고 이곳이 재일한국·조선인 당원의 총괄기관이 되었죠.

사타카 군수열차를 정지시키기 위해 선로에 누워 뒹굴 계획도 세웠다고 들었습니다.

김시종 열두 명의 청년들이 결사대로 뽑혀 서로 쇠사슬로 묶고 선로 옆으로 누웠습니다. 너무나 감정이 북받쳐 오르는 광경이었습니다.

사타카 공산당의 호소로 이루어진 조직적인 운동이라고 하지만, 반전평화를 향해 몸을 던진 직접적인 행동이죠.
스이타 사건의 재판은 꽤 오래 계속되었죠.

김시종 10년쯤 계속되었습니다. 사사키 데쓰조(佐々木哲藏)라는 재판관이 스이타 사건을 처음 담당했는데, 한국전쟁 발발 3주년 기념일에 피고들이 묵념을 올리고 싶다고 주장하자 그 요구를 들어주었죠.
피고들이 한마음으로 바라던 묵념을 법원이 통제하는 일은 사리에 맞지 않고 사상의 자유는 존중해야 하기 때문에, 재판 개시 전에 묵념을 올리는 일은 재판에 지장이 없음을 인정했어요. 내부에서 비판이 들끓어서 재판관에서 물러났지만. 반 파면이죠.
조총련이 나를 한창 비판할 때, 『청동(靑銅)』이라는 종합잡지 창간에 관여했습니다. 조총련 중앙부의장 중 한 사람이, 표면적으로는 조총련과 관계없는 잡지를 만들어보지 않겠느냐는 제안을 했습

니다. 내가 다시 재기할 수 있는 계기가 된다고도 생각해서, 발행 비용을 대줄 기업인이 발행인이 되어 창간호를 간행하게 되었습니다. 그런데 잡지 창간을 권했던 부의장이 조총련 중앙위의 세력다툼에서 밀려나 북한으로 소환되자, 막 창간된 『청동』이 규탄 대상이 되었습니다. 편집 책임자인 김시종에 대한 비판은 더욱 높아졌고, 사사키 데쓰조 선생님에 대한 마음의 빚을 지게 된 것도 이 과정에서 발생했습니다. 원고 요청을 흔쾌하게 받아들여 써 주신 『청동』 2호 원고를 돌려드리지 못하고 내가 잃어버리고 말았습니다. 잇따른 이사로 책이나 자료 속에 섞여 들어갔을지도 모르겠습니다. 지금도 후회막심입니다. '법정에서 본 재일조선인상(法廷から見た在日朝鮮人像)'이라는 16매의 소중한 원고였습니다.

사타카　아무리 후회해도 소용이 없겠네요. 그 일은 『진달래(ヂンダレ)』보다 나중에 일어난 일이지요.

김시종　그렇습니다. 『진달래』가 해산당한 후입니다.

사타카　즉 김 선생님이 조총련으로부터 비판에 처했을 때, 조직 속에서도 선생님에게 손을 내밀려고 한 사람이 있었다는 것이네요.

김시종　북한도 하나로 단결되어 있지 않고, 당원 간 권력투쟁이 여럿 있었다고 전해 듣고 있습니다. 그 일파와 조총련 일부가 결탁되어 여러 알력이 있었죠.

왜 「임진강」을 부를 수 없는가 ———

사타카　북한과 연관된 것으로 잊을 수 없는 기억이 하나 있습니다. 아주 부끄러운 일입니다만, 가수 이정미(李政美)와 고무로 히토시(小室等)[1] 씨가 '토크 앤드 송'이라는 라이브 이벤트를 한 일이 있는데……

김시종　정미는 대단한 가수죠.

사타카　예, 그때 저는 이정미에게 「임진강」을 불러 달라고 요청했습니다.

김시종　그녀는 지금 임진강을 자기 노래로 삼아 부르고 있죠.

사타카　그때는 부를 수 없다고 했습니다. 부르고 싶지 않다는 마음도 내포하고 있던 것이죠.

김시종　일본어 가사에 대한 문제인가요?

사타카　예. '누가 조국을 둘로 갈랐는가', 그것은 일본이겠지 하고. 남의 일인 양 가사를 만들어버렸어요. 고무로 씨도 '나도 노래 부를 수 없어'라고 말했습니다. 나는 그 말을 듣고 가슴이 뜨끔했습니다.
　또 하나는 북한의 대지는 황금빛인데 남한은 황폐하다는 원 가

———

1) 1943~. 일본 포크송 가수.

사 자체의 문제입니다. 그 두 가지 이유로 이정미는 노래할 수 없다고 했습니다.

그러나 이정미는 '언제까지나 노래할 수 없다고 해도 발전이 없으니, 가사를 바꿔서 자기도 노래하려고 한다'고 말을 꺼냈습니다.

김시종　그래서 그녀가 그 곡을 자기 노래로 삼은 것이군요. 정미가 그 당시, 사타카 씨의 요청에 '노래할 수 없다'고 했던 것은 양면이 있다는 얘기군요. 일본어 가사도 그렇습니다만, 원 가사는 필요 이상으로 남한을 빈궁하게 그렸고, 남한사람들은 다리 밑에 살고 있다는 그런 감각의 시대였기 때문이지요. 북한의 우월성을 뽐내고 있는 노래이기도 합니다.

정미는 그런 점이 마음에 걸렸던 것이죠. 그래서 그녀는 가사를 바꿔 그와 같은 면에서 벗어난 새로운 노래로 만들어 부르고 있다고 생각합니다.

사타카　노래에는 좋든 싫든 정치, 사회, 역사가 각인되어 있죠. 「임진강」이라는, 일본에서는 이상주의적 사회파 노래로 여겼던 노래 하나를 봐도, 거기에 일본의 책임성에 대한 무자각, 북한이라는 사회주의국가의 자기중심주의, 여러 가지 문제가 함축되어 있어서 모자란 자신의 감각을 깊이 반성하게 되었습니다.

사회주의는 심정의 기미(機微)마저 총괄하려 했다 ──

김시종　사타카 씨가 사회주의 문제를 조금 말씀했기 때문에 나도 사회주의를 신봉해 왔던 사람으로서 내가 터득하고 있는 것 하나를 말하겠습니다. 1989년 이후 사회주의 체제가 붕괴되었죠. 동구권이 무너지고 소련이란 나라도 없어졌습니다.

지금도 나는 사회주의에 대한 동경을 계속하고 있습니다. 나이가 들어도 생활에 대한 불안이 없고, 아이들을 경쟁시켜 교육시키는 일도 없고, 수탈당할 일이 없는 체제가 나쁘다고는 생각하지 않습니다. 그런 사회주의 제도를 추진한 쪽이, 말도 안 되는 극심한 관료주의와 국가주의가 표리관계에 있는 전제정치를 한 것이 잘못됐다는 것이지 사회주의 이념이 틀렸다는 것이 아닙니다. 이제까지 내 세계관은 대체로 유물사관을 따른 것이고 독서도 그런 경향 속에서 해 왔습니다.

그런 내가 말입니다, 벌써 7년쯤 전이 되는데, 제주도에서는 무당을 신방(神房)이라고 하는데 그 신방 굿을 했어요. 제주도 토착신앙인데, 유물사관을 따르던 내가 왜 미신적, 정감적인 '굿'을 했는지 말씀드리겠습니다.

나는 소련 체제가 무너진 것은 처음부터 당연한 일이라 생각하고 있었습니다. 그 국가 체제는 언젠가 무너진다. 왜 그렇게 생각하는가. 가장 큰 이유는 인간 심정의 기미마저 총괄하려 한 것이기 때문입니다. 즉 인간끼리 세계관을 함께하는 일은 있을 수 있는 일이지요. 그러나 자신의 심정 깊숙한 곳에 있는 생각 같은 것마저 획일적이 될 리가 없어요. 물론 북한의 국가 체제도 그렇지만 소련이라고 하는 사회주의 체제는 개개인의 심정까지 획일화하려는 간섭 이상의 것을 한 겁니다.

이론적으로는 정리되지 않는 인간 심정의 기미, 희로애락, 유물변증법으로는 증명할 수 없는 감정…… 그런 것을 일절 인정하려고 하지 않았어요. 그러므로 동유럽에까지 널리 퍼진 사회주의권이 붕괴되고 소비에트 연방이 해체되는 것은 필연적인 결과였지요.

내가 제주도에서 7년 전에 토착신앙인 굿을 한 것은, 4·3사건 때 쫓겨서 몸을 숨겼을 때의 체험에서 비롯된 것입니다.

사타카 김 선생님은 미군이 지배하는 폭력적인 반공정책이 난무하고 있던 제주도에서 1948년 4월 3일에 일어난 도민봉기에 깊이 관여되어 쫓기는 몸이 되었지요?

잔학한 재앙을 진혼하다 ───

김시종 그때의 일이 지금도 무거운 짐이 되어 어깨를 짓누릅니다.

제주도의 제주 공항 게이트 쪽은 원래 내 외갓집이 있던 곳인데, 동네 구장(區長)을 세습제처럼 우리 외가에서 해 왔습니다.

4·3사건 당시, 나는 몸을 숨길 곳이 없어서 한때 외삼촌의 집 뒤에 숨었어요. 구장 집이어서 군인이나 고위 경찰관들이 자주 출입했죠. 고위 경찰관이 오면 외삼촌은, 조카를 숨기고 있는 것이 켕긴 탓인지, 약간의 술과 음식을 대접했습니다. 구장 집이어서 가택 수색은 하지 않았어요. 일반 사람은 4·3사건의 빨치산들을 산부대(山部隊)라 불렀는데, 산부대는 경찰관이나 군인을 접대하고 있는 구장인 외삼촌을 토벌대에 가담하고 있는 자로 보고 주살(誅殺)했습니다.

새벽에 습격해 온 산부대에게 죽창으로 찔린 거예요. 배를 두 군데 찔렸습니다. 안채 한가운데가 마루인데, 장이 밖으로 나온 상태에서 그곳을 뛰쳐나가 돌담을 넘어 반대편 작은 길로 달아났습니다. 하지만 바로 죽지 않고 3일 정도, 그야말로 고통스런 신음 소리를 냈고 가족들은 밤낮으로 울부짖는 상태였습니다. 의사도 치료할 수가 없었어요. 나 때문에 죽었다는 생각을 계속 가슴에 안고 살아왔습니다.

김대중 대통령 덕분에 한국으로 출입할 수 있게 되어 아버지 어머니 무덤을 찾아갈 수 있었는데, 거기서 외삼촌의 장남 일가와도 만났습니다. 제주도에서 사업으로 성공한 사람인데, 그 형님도 나도 왠지 서로 눈을 마주칠 수 없었죠. 내가 주눅이 들어 있다는 것을 알면서 시선을 피해 이야기했어요.

생각다 못한 나는 미신이라 생각하여 경멸하면서 멀리했던 신방을 빌려 하루 종일 진혼굿을 했습니다. 외삼촌의 장남 일가도 모두 왔습니다. 이런 일은 표준어로는 설명할 수 없는, 토착 제주 사투리로밖에 전할 수 없는 내용이므로 그냥 들어주십시오. 굿이 끝난 후, 형님이 내 손을 쥐면서 "아버지가 그렇게 돌아가신 것은 시종이 탓이 아니니까. 그런 시대였어. 아버지의 운명이었으니까." 하고 눈물을 글썽거리는 겁니다.

나도 감정이 격해져서 울컥한 마음을 어떻게 할 수가 없었습니다. 굿 덕분이라고 생각하고 마음을 비우고 좋은 마음으로 받아들였습니다. 신방은 신들린 상태로 외삼촌 목소리까지 냅니다.

유물적이 아닌, 변증법에도 들어맞지 않는다고, 그런 것을 일체 멀리했던 청년기의 자신이 지금 이처럼 오래 살고 있습니다. 곰곰이 생각했어요. 제주도 4·3사건과 같은, 말이나 글로 다할 수 없는 끔찍한 재앙은 그 토지의 신이 아니면 진혼할 수 없는 것입니다.

사회주의를 새로운 눈으로 보다 ——

김시종   일본의 시대적 마이너스 요인이라 표현해도 좋겠습니다만, 일본 국민 특히 젊은이들의 피폐한 마음은, 마을의 밤을 지배하고 있던 어둠이 사라지는 것과도 연관되었다고 생각합니다. 즉 원초적 경외라는 것이 없어지고 있다는 것이죠. 아무 마을도 마을의 수호신인 우부스나가미(産土神)를 모시고 있었죠. 나는 우부스나가미는 어둠의 신이라는 생각이 듭니다. 어둠에 대한 경건한 경외가 표백되어 버렸다는 소박한 마음의 불행이 있다고 생각합니다. 나는 제주도 마을의 어두운 당(堂)의 무녀 덕분에 마음의 안정이 싹트는 것을 보았습니다.

그곳에서 생활하는 사람들이 있고, 사람이 모이는 마을이 있으면 뿌리내리는 염원이 있습니다. 염원의 근본이 그곳에 있는 것이죠. 그것을 사회주의는 무시했습니다. 무시 정도가 아니라 단속하고 쫓아냈습니다.

사타카   동아시아 현대사의 가장 깊은 어둠을 빠져나온 듯한 김 선생님의 체험은 너무나도 무거워서 저 같은 사람이 간단히 받아들일 수 있는 이야기가 아닙니다만, 관념적인 이야기를 감히 하자면, 하나는 사회주의라고 하는 것이 사물의 통제라는 측면이죠. 인간의 마음이나 번뇌나 희로애락은 통제 밖에 있어요. 사회주의는 그런 겹겹이 쌓인 아주 작은 감정이 반역을 했다고 할 수 있을 것입니다.

그것과 사회주의의 계획경제가 초래한 것에 아무래도 관료제가 횡행하게 됩니다. 그것과 어떻게 싸울 것인가.

기성 사회주의가 인간의 감정을 가볍게 취급하여 균일한 것으로 보고 통제해 버렸다고 한다면, 이것을 최대한 잘 조종해서 부추긴 것이 파시즘이죠. 이 어느 쪽도 전혀 다른 별개의 철학으로, 사람들 개개인의 염원이나 생각을 소중히 여기면서 어떤 정치, 사회 체제가 가능한 것인지. 매우 어렵고 중요한 문제라고 생각합니다.

내가 학창시절에 들어갔던 기숙사의 선생님이 가인(歌人)이었습니다. 단카이기는 했지만, 실로 경외에 대해 '듣고 싶은 것은 포부에 있는 것이 아니라 국정의 무게를 경외하는 한마디인 것을'이라고 읊었습니다. 이야기가 건너뛰는 것 같습니다만, 그런 의미에서 최근 다나카 가쿠에이(田中角栄)붐이 일고 있습니다만….

김시종 개인적으로는 내가 좋아하는 정치가였습니다.

사타카 친구인 정치기자 하야노 도루(早野透)가 가쿠에이를 사회민주주의자라고 말합니다. 실제로 에쓰잔카이(越山会)라는 가쿠에이의 후원회에는, 전 공산당원이나 일본농민조합 소속 사람이 많이 들어갔죠. 가쿠에이라는 사람에 대해서는 여러 가지 평가가 있고 옳고 그른 양면을 모두 말해야 하나, 개혁에 대해 지역에 뿌리내린 사람들의 생각을 대변한 사회민주주의라고 말할 수는 있지 않을까요. 그 정치의 핵심은, 지역 간의 격차를 없애려고 했었던 것은 아닐까요?

김시종 나는 실제로 경험해 봐서 아는데, 그 말에 찬동합니다. 지금은 니가타에 신칸센이 다니고 있지만, 가쿠에이 때는 아주 불편한 곳이었습니다. 『니가타』를 쓰기 위해서 두 번 정도 다녀왔는데, 정말로 땅끝 같은 곳으로, 돈도 시간도 많이 드는 곳이었습니다.

그런 불편한 곳의 교통편을 좋게 만든다든가 조직이 가난한 마을을 도와주는 사회로 만들어나가게 문제를 제기하는 일은 사회주의의 내부 변혁이라고 생각합니다만.

사타카　「일본열도개조론」은 물가와 땅값을 올렸다든가, 개발을 긍정만 해서 공해가 발생한 점에 대해 비판받아야 할 점은 많이 있습니다. 그러나 가쿠에이의 근저에 있는 것은 그런 것이었다고 생각합니다. 가쿠에이 자신도 어떤 샤먼적인 부분이 있었죠.

그러므로 사회주의라는 것을, 지금까지 해왔던 것과 같은 발상에서 벗어나 새로운 눈으로 그 가치를 다시 발견할 필요가 있는 것은 아닐까요? 반 빈곤운동이나 반 차별운동 속에도 사회주의적 이념이 활성화될 것 같은 생각이 듭니다. 혹시나 반대로, 사람과 사람의 미세한 감각의 교류에서도 그것을 찾아낼 수 있을지도 모르겠습니다.

제 스승인 구노 오사무(久野収)는 투옥 중에 기타 잇키(北一輝)[1]를 읽었습니다. 다른 것을 못 읽게 하기도 했지만 기타 잇키는 어떤 의미에서 천황제 사회주의입니다. 이런 것을 어떻게 평가할 것인지. 기타 잇키의 사상과 행동은 '홈런성 큰 파울'이라고 하나다 기요테루(花田清輝)[2]는 말했습니다.

김시종　하나다는 시적일 정도로 표현이 기발하네요.

---

1) 1883~1937. 전전 일본의 사상가, 사회운동가, 국가사회주의자. 2·26사건의 황도파 청년장교의 이론적 지도자로서 체포되어 군법회의에서 사형판결을 받아 처형됨.
2) 1909~1974. 작가·문예평론가. 정교한 비유법을 구사한 문체를 특징으로 영화나 연극 평론도 함. 일본의 아방가르드 예술론의 선구적 존재였음.

사타카   그러나 '홈런성 큰 파울'이란 것은 홈런이 될 가능성도 있다는 것입니다.

김시종   기타 잇키 같은 사람도 처형되니까요. 그러나 현재의 일본인은 그 부분에 거의 관심이 없어요. 대역(大逆)사건[1]만 해도 일본인이 일본인으로서 꽤나 부끄러워해야 할 일을 겪었는데, 그런 부끄러운 역사에 집요하게 연연해 하는 것을 피하자는 것이지요.
지나간 것은 지나가 버린다. 그런 국민성이랄까요?

---

1) 1882년 시행된 구 형법 116조 및 대일본제국헌법 제정 후인 1908년에 시행된 형법 73조가 규정하고 있던 천황, 황후, 황태장 등을 노려서 위해를 가하거나 가하려고 하는 죄, 소위 대역죄가 적용되고 소추된 사건의 총칭. 일본 이외에서는 황제나 왕에 반역하고 또한 모반을 꾸민 범죄를 대역죄라 부르기도 함.

제 4 장

차별을 뛰어넘다

통치될 리 없는 미세한 감정

사타카 김 선생님은 말과 서정, 정감과 일본적 풍토에 대해 여러 말씀을 해주셨습니다. 강신자(姜信子) 씨는 식민지뿐만 아니라 식음지(植音地)가 있다고 말하죠. 또는 식민지는 식음지를 만든다고 말합니다. 김 선생님의 실제 체험으로 봐서는 어떻습니까?

김시종 고가 마사오가, 고가 멜로디는 조선에서 익힌 것이라고 말했다는 이야기를 전해 들었습니다. 확실히 고가 멜로디는 우리들에게 쉽게 다가옵니다. 식민지 치하의 조선에서는 망국민(亡國民)의 슬픔을 애절하게 부르는 노래가 꽤 유행했습니다. '눈물 젖은 두만강' 같은 노래입니다. 고가 멜로디인 「술은 눈물인가 한숨인가(酒は涙か溜め息か)」도 조선의 민족음악처럼 우리말로 널리 불렸습니다. 황국소년이었던 나는 오히려 군국주의적이 아니라서 싫었습니다. 그러니 우리나라는 안 된다고 생각할 정도였죠. 비련이나 망국의 슬픔이란 것도 일종의 서정입니다. 그런 노래를 부르면 모두 리듬과 멜로디에 공감해버리죠. 그래서 그것은 한 사람 한 사람의 기호라기보다 나라 전체, 시대 전체로 널리 퍼진 서정인 것입니다.

사타카 전에 김 선생님이 말씀하신 "노래는 세상에 따라 변하고 세상은 노래의 유행에 영향을 받는다"고 하는, 서로 의지하는 형태를 취하는 것이네요.

김시종 계승하고 있는 정신풍토가 유지되는 점에는 도움이 되겠지만, 바람이 일거나 다른 방향으로 의식이 작용하거나 진행하는 감정이 결코 아닙니다.

사타카　김 선생님은 식민지 조선에서 형성된 자신의 유소년 시절의 정감이나 서정을, 해방 후의 문학적 또는 사상적인 각성 속에서 엄격하게 자신을 쪼개어 새로운 시적 표현을 만드셨습니다. 이것은 당시를 모르는 나 같은 사람이 제멋대로 말하는 것일 수도 있겠습니다만, 지난번에 말씀하셨던 사회주의적 통제에서 나타나는 민중 한 사람 한 사람의 마음의 상처라는 관점에서 보면, 어떤 통치하에 있어도 통치되기 어려운 미세한 감정이라는 것이 있다고 생각합니다. 유소년기라면 더욱 그렇겠죠. 그런 기억은 없습니까?

김시종　나는 눈에 띄게 두드러진 황국소년이었습니다. 제주 시내에 「아사히구락부」라는 작은 극장이 있었습니다. 옛날 영화가 들어오거나 순회공연이 있기도 했죠. 그곳에, 전라도 민요를 부르는 유랑 악단이 본토에서 왔습니다.

　아버지와 함께 나는 맨 앞에 앉았는데, 공연이 끝날 무렵 판소리의 원곡 같은 전라남도의 민요이자 조선 민요의 백미라고도 할 수 있는 「육자배기」라는 노래가 시작되었습니다. 「육자배기」란 한자로 '六字拍'이라고 씁니다. '나무아미타불'을 뜻합니다. 조선왕조가 시작되고 그때까지 국교였던 불교를 폐지하고 유교를 국교로 정했기 때문에, 나무아미타불이라고는 말하지 않고 글자 수를 따서 '六字'라 했습니다. 기독교 박해 때 기독교인들이 몰래 신앙생활을 했던 것과도 비슷하지요.

　2016년 10월, 5·18기념재단의 초청을 받아 광주에 갔을 때, 특별 주선으로 광주시립가무단의 연습장면을 봤습니다만, 「육자배기」

는 정말로 가슴에 스며드는 노래였죠. 제주도는 일본으로 말하면 오키나와와 같은 변두리이니까요. 본토의 예능이 거의 들어오지 않아요.

외투 같은 외출복 차림의 검은 두루마기를 입은 연주자가 들고 온 가야금을 비스듬히 무릎에 놓고 연주하며 소리를 짜내듯이 노래하기 시작했습니다. 평소 들어본 적이 없는 노래였기 때문인지 장내가 떠들썩해지고 "꺼져" 하고 욕설이 난무했죠. 관객은 "빨리 꺼져! 돌아가"라고 호통을 쳤습니다. 그러나 소리꾼인 연주자는 동요하지 않고 한 차례 노래를 다 끝내고 나서 조용히 무대를 떠났습니다. 나는 왠지 너무나 슬퍼서 눈물이 멈추지 않았어요.

마음을 울리는 감동과 강제로 축적된 정감 ——

김시종 전시적인 것 즉 군인이 용감하게 활약한다든가 스파이를 찾아내는지에 모두가 몰두했던 시절입니다. 식민지에서 학대받고 지역 차별을 가장 많이 받고 있는 곳인 전라도 예술인들. 국어는 폐지되고 우리나라의 예능은 억압받고 있었는데 그들은 우리나라 고유의 음악을 연주하고 있었죠. 그런 그들에 대해 우리 지역의 관객은 "꺼져!"라고 호통치고 있었어요. 관객이 던진 것을 맞으면서도 노래만은 다 부르고 일어섰지만 눈물 한 방울이 눈가에서 빛나던 것을 황국소년인 내가 보았습니다.

영문도 모르게 슬펐고 영문도 모르지만 왠지 그들은 매우 중요한 일을 하고 있는 사람들임을 알 수 있었습니다. 그런데도 나는 신의 나라 일본을 믿어 의심치 않는 열렬한 황국소년이었습니다. 영향을 끼치는 것에는, 마음에 울리는 것과 받아서 축적되어 가는 것이 있죠. 기억은 마음속에 가라앉는 것만이 남아요.

나는 그때의 체험을 일본어로 쓰겠다고 생각하면서도 좀체 쓸 수 없었습니다.

사타카 환상적이기까지 한 에피소드군요. 정말로 인간의 마음을 울리는 감동과 강제로 축적된 정감과의 차이는 중요합니다. 꼭 시로 써주십시오.

김시종 여기에 있는 내 집성시집 『벌판의 시(原野の詩)』는 정가가 6,500엔이나 되는데 이것이 간행되었을 때, 이 비싼 책을 이쿠노구에서 협동조합(오사카부 화성공업협동조합)을 경영하고 있는 조합원 아저씨들이 300부를 사 준 적이 있습니다. 축하연을 열어주겠다고 하기에 그곳으로 가자, "시종아, 네가 쓴 거니까 좋게 잘 썼다고 생각하지만 우리들은 전혀 모르겠다. 뒤에 붙어 있는 연보만은 잘 알겠어"라고 말하며 웃는 것입니다. 축하연이 끝나자 순서 대로 가라오케가 시작되었죠. 그야말로 식민지 치하에서 유행했던 정서 깊은 노래를 부르고는 "좋은 노래야. 시종이도 이런 걸 써줘"라고 요구했어요.

나는 싫다고 할 수 없었죠. 그 기분을 알기 때문에. 아무런 권리도 없는 상태로 돈 벌러 와서 정착한 아저씨들입니다.

사타카 '타향살이' 같은, 그런 노래입니까?

'끊어져서 잇는다'

김시종 '타향살이'는 그중 가장 으뜸가는 노래입니다. 아저씨들이 요구한 무게를 나도 느낍니다. 나도 아저씨들이 읽을 수 있는 것을 써야겠다는 생각을 하고 있습니다. 그러나 내심 '그럴 수는 없어. 그 낡아빠진 서정 때문에 아득바득 자신과 싸우고 있다'고 중얼거리기도 합니다. 아저씨들은 300부나 사주었기 때문에 언젠가 자손들이 이 시집을 펴서, 끈끈한 정으로 얽힌 것만은 아니구나 하고, 사물을 생각하는 데에 촉발되는 계기가 되기를 바라고 있습니다.

시를 쓰는 일에는 그런 민중적인 것과는 괴리가 있는 것입니다.

사타카 마음을 울리는 이야기군요. 이전에 김 선생님이 '끊어져서 잇는다'고 말씀하신 데는 그런 아저씨들과의 교류도 관련이 있는 것이라고 느꼈습니다.

김시종 나는 부락해방동맹의 부락해방문학상에 관여하고 있기도 해서 집회에 자주 나갔는데, 앞에서도 이야기했듯이 부락 사람들은 한결같이 엔카를 좋아합니다. 아마 나니와부시(浪花節)[1]도 좋아할 거예요. 서민생활을 잘 표현하고 있다는 점에서 공감하는 것은 알겠지만, 그것은 실제로 부락해방동맹 사람들이 불러서는 안 되는 노래입니다. 즉 구태의연한 기존 질서를 지속시키는 노래이니까요.

---

1) 샤미센(三味線) 반주에 맞춰 주로 의리나 인정을 노래한 대중적인 창(唱).

사타카　반대로 말하면 해방동맹 사람들이 부를 노래가 없다는 뜻이네요.

김시종　말씀하신 대로입니다. 자나 깨나 엔카겠죠. 그렇지만 다른 매력적인 노래가 나오면 틀림없이 다른 노래에 친숙해질 겁니다. 엔카란 하나의 큰 사상시입니다. 인간의 정감적인 체질을 언제나 구태의연한 것으로 만들어내는 엄청난 위력을 가지고 있죠.
　해방동맹의 전국 집회에서 얼마 전에도 말했습니다만, 부락 문제를 호소하면서 엔카를 부르는 사람이 있습니다. 손가락에 반지를 잔뜩 낀 아주머니가 차별받는 고충을 호소합니다. 반지도 그리 반짝거리지 않는 것으로 해서 하나 정도 끼는 마음 씀씀이도 민중에 대한 어필이라고 생각합니다.

사타카　그렇군요. 운동의 리더란 연출도 필요하지요.

일반적인 의미의 학교가 아니었다　　──

사타카　차별받는 부락에 인접한 정시제인 미나토가와(湊川)고등학교에 가셔서 선생님을 하셨는데 상당히 거친 학교였다고 말씀하셨지요?

김시종　상당한 정도가 아니에요. 그곳은 일반적 의미의 학교가 아니었어요.

사타카　미나토가와에 가신 경위와 그곳에서의 체험을 말씀해주시지 않겠습니까?

김시종　전에 말했던 대로 나는 소속기관과 상의 없이 시집 『니가타』를 냄으로써 조총련으로부터의 규제 일체를 다 팽개쳐 버렸습니다. 나는 뭔가를 시작해야만 했습니다.

한신교육투쟁 사건 이후, 폐쇄되었던 민족학교 재개를 오사카에서 시작한 경험도 있어서 일찍이 학생 감소가 계속되고 있는 민족학교 실상이 걱정되었습니다. 쭉 훑어보니 의무교육 과정의 재일동포 아이들, 중·고등학생들, 거의가 일본 학교에서 공부하고 있었습니다. 재일동포 학생들의 자기 인식, 민족적 자각 모두 백지위임장을 붙여서 일본 선생님에게 맡기는 상태가 젊은 재일동포 세대의 교육입니다. 일본 선생님들과 교류하기로 마음먹고 사단법인격인 교육연구기관 설립을 구상하기 시작했습니다. 1970년대의 문부성 통계에서 재일한국·조선인의 교육 대상은 12만 8천 명이라고 했던 시기였습니다. 한편 조총련이 대학 하나와 초·중·고를 가지고 있는 민족학교는 70년대 초반에 80개 학교 정도가 있었습니다. 그만큼의 학교를 가지고 있으면서 조총련계 민족학교에 다니는 학생 수는 재일 교육대상 총수의 2할을 넘은 적이 없어요. 조총련이 날아다니는 새도 떨어뜨릴 기세로 귀국사업을 하던 시절, 60년대에서 70년대에 걸친 최전성기 때조차 12만 남짓의 인원 중 25% 정도였습니다.

사타카　그때 민단(재일본 대한민국 거류민단)은 어떤 상태였습니까?

김시종 민단계 민족학교도 물론 있었습니다. 그러나 학교 수로는 비교가 되지 않을 만큼 조총련계의 학교가 많았습니다. 10대 2 정도일까요?

마침 그 무렵 효고현에서 학교교육 규탄투쟁이 일어났지요. 선두에 나섰던 것이 현립 미나토가와고등학교였습니다. 학생회의 돈으로 선생님들이 모임에서 먹고 마시는 데 유용한 일이 폭로되어, 학교가 험악해지기 시작했습니다. 그 일을 계기로 해서 해방교육운동이 시작되었습니다.

내가 교원교류기관을 만들기 위해 정력적으로 여기저기 돌아다니고 있다는 것을 전해들은 효고현고등학교교직원조합의 한 선생님이, 당신이 교사가 되면 어떠냐는 제의를 했습니다. 재일외국인 자녀의 교육 문제는 그 대응과 실천에 많은 과제를 안고 있죠. 특히 재일한국·조선인 자녀의 교육 문제는 민족학교, 역사 인식의 문제도 얽혀 있기 때문에 많은 과제를 안고 있습니다. 일체의 차별을 허용하지 않는 교육을 내세우고 있는 해방교육의 실천을 활용해도 실제로는 암중모색이 한창인 상태에 있었죠. 김시종을 재일한국·조선인 최초의 정규 공립고등학교 교사로 현교육위원회에 꼭 추대하고 싶다는 취지였습니다.

'왜 한국어를 배워야 하나' ——

김시종 나이 40이 넘은 사람이 새삼스레 학력인정 자격시험을 치는 것은 정신적으로 상당한 중압이었지만, 결심을 하고 응시하기로 했습니다. 당시는 교원조직도 강한 시기로, 해방교육운동을 지원할 분위기도 현 전체로 확산되어 있었기 때문에, 차별을 허용하지 않는 교육을 지향한다면 재일한국·조선인 교사가 나와도 좋지 않을까라는 점이 어필하게 되었습니다. 혼자 특별자격시험을 치고 단기대학 졸업과 동등의 학력 인정을 겨우 받았습니다. 국적조항 제약 때문에 정교사에 준하는 사회교사가 되어 44세의 여름, 현립 미나토가와고등학교(정시제)에 취임했습니다. 해방교육운동의 거점교로서 지망했습니다만, 교실 창문도 깨어진 채였고 그야말로 기가 막히다고 밖에 말할 수 없는 거칠디 거친 고등학교였습니다.

사타카　당시 교육계에서 바라는 해방교육에 대한 정열과, 미나토가와를 어떻게든 잘되도록 해야 한다는 점도 있지 않았을까요?

김시종　그렇죠. 미나토가와고교는 일본에서도 가장 큰 도시부락 반초지구와 운하를 사이에 두고 서로 마주 보고 있는 학교입니다. 부락, 조선에 얽힌 차별문제는 당연히 일상의 끊임없는 관심사였고 과제였습니다. 민주교육이라고 했던 전후의 교육 실태에 대해 확실하게 고찰을 촉구했던 시기이기는 했습니다.

　모처럼 조선인 선생이 왔기 때문에, 일본에서는 염두에 둔 적이 없는 이웃나라 언어인「한국어」를 교과 과목에 넣으려는 의견이 해방교육 실천 속에서 제기되어 왔고, 2년의 준비기간을 거쳐 1975년 4월,「한국어」가 일본 교육사상 처음으로 정규 교과목이 되어 수업이 시작되었습니다. 예측은 하고 있었지만, 한국어 수업에 대한 학생들의 반발은 예상을 훨씬 뛰어넘었어요. 해방운동에 관여하지 않는 피차별 부락 사람들일수록 조선인을 악의적으로 말합니다. 부임 당시 "조선인은 꺼져!"라고 욕설을 퍼부었는데, 한국어 수업이 시작되자 "왜 왔어"라고 하며 소란을 피우고 "왜 한국어를 해야 해!"라고 하며 날뛰기 시작하는 학생들까지 나타났죠.

사타카　공부할 마음이 없던 것이군요.

김시종　예. 고등학교 근처에 마루야마(丸山)중학교가 있어서 반초 지구 아이들이 다니는데, 미나토가와고교는 해방교육운동의 실천으로서 입학지망 학생을 전부 받아들이는 전인제(全人制)를 취하고 있었습니다. 중학교 3년 동안 출석일 수가 이십 며칠 되는 그런 학생뿐입니다. 기초학력이 모자라니 교실에 있는 것이 괴롭고 화가 나죠. 그래서 복도에 나와 소란을 피웁니다. 「한국어」는 그와 같은 상태에서 시작된 수업이었습니다.

수평사(水平社)선언에 고운 눈물이 펑펑 쏟아지다 ────

사타카　학교에 가고 싶은 생각이 없지 않았습니까? 김 선생님은 그만두려고 생각했던 적은 없었습니까?

김시종　언제라도 그럴 생각으로 있었습니다. 수업이 엉망이 된 날엔 노트를 내동댕이치고 그만두고 싶은 충동에 사로잡혔습니다. 그런데 책상 위의 투명 시트 밑에 수평사선언을 오려 넣어 두고 있었습니다. 때려치우겠다고 생각해서 의자에 앉아 그것을 읽으니 고운 눈물이 펑펑 쏟아지기 시작했죠. '세상에 열정이 있어라, 인간에게 빛이 있어라'로 맺어지는 맨 마지막 대목에 매번 감정이 복받쳐 올랐습니다. 정말로 그 선언문 때문에 참을 수 있었죠. 그것은 중학교 사회나 국어 교과서에 실려야만 해요. 그 선언문만큼 굉장한 시는 없어요.

사타카 수평사선언을 읽고 나서 미나토가와에서 가르치는 일의 의미를 다시 깊이 생각하시게 되었겠군요. 그런 학생들에게 한국어를 가르친 것이네요.

김시종 "아무런 도움도 안 되는 한국어를 왜 해! 우리들은 일본인이야. 일본어를 더 제대로 잘 가르쳐 줘!"라고 큰소리를 칩니다. 지당한 요구입니다. 아니 절실한 외침입니다. "도움이 안 되는, 가치가 없다고 생각하는 것이기에 오히려 알아둬야만 하는 것이다. 부락도 알려지지 않은 것 중 하나"라고 강한 어조로 되받아치면서도 '적어도 신문쯤은 읽을 수 있을 정도가 되고 싶다'는, 부락 학생들의 생각은 깊이 받아들였습니다. 그것에 부응하기 위해서 나는 학습 중에 나오는 용례라든가 활용방법으로 인용할 속담 등을 열심히 일본어에서 뽑아 수업을 했습니다. 반은 일본어 수업이라고 해도 좋을 정도의 한국어 수업을 했던 것입니다.

　한국어가 정상적인 수업이 되기 위해서는 전교 차원의 대처가 필요했습니다. 사회수업에 한국과 관계있는 부교재를 쓰기도 하고, 수학에서도 일본 산수에 상당하는 것이 한국에도 있으므로 그것을 함께 내용에 포함시키기도 하고, 한국어 수업도 기본대로 가르쳐서는 재미없기 때문에 한국 유행가를 함께 귀로 가사를 외워서 부른다든가, 국어과와 제휴해서 일본 속담과 똑같은 의미의 한국 속담을 함께 가르치기도 했습니다. 가장 학생들의 관심을 끈

것은 노래와 속담이었죠.

사타카 학생이 "왜 한국어를 배워야만 해?" 하고 거칠게 들이대면 어떻게 설득했습니까?

김시종 그 말은 한국어는 가치가 없다는 의미로 말하는 것이겠지요. 방금 말씀드린 대로 "가치가 없으니까 배워야 해"라고 대답했습니다. 즉 거기에 부락 문제도 결부되어 있지요. "피차별 부락은 가치가 없으니 차별받아도 좋다고 생각해?" 하고. "차별받고 있으니 차별하거나 차별받거나 차별받지 않거나 하는 관계를 아는 것이 중요하지 않아?"라고 되받아쳤습니다.

나는 부락 학생들이 또다시 한국어를 욕보이는 쪽으로 몰아넣어 가서는 안 된다는 생각을 강하게 가지고 있었습니다.

사타카 차별 구조를 넘기 위한 가장 깊은 부분의 실천이군요.

언어 공부란 생각을 서로 맞춰가는 것 ──

김시종 반초지구의 부락 언어에는 정중어(丁寧語)[1]가 없습니다. 그들은 그것을 지하언어라 부릅니다. 아버지와 자식 간에도 서로 난폭한 언어를 씁니다. 즉 피차별 부락이란 몇백 년이나 시민 생활, 일반 생활에서 격리되어 부락사람들끼리만 살아왔기 때문에 친구

---

1) 일본어 경어법의 하나. 화자가 청자에 대해 경의를 표할 때 쓰는 표현법.

나 동료 사이에서 쓰는 언어가 되어버렸습니다. 그러므로 정중어를 쓸 필요를 그다지 못 느끼죠.

언어 문제로 학생들과 몇 번이나 격렬하게 서로 응수했습니다. 구로키(黑木)라는 잊을 수 없는 학생이 있었습니다. 무기력이 극에 달한 듯한, 반초지구의 말 없는 학생이었죠. 수업 중에 무릎을 껴안고 복도 쪽에 앉아 통로만 계속 보고 있었어요. 난폭하지도 않았지만 반응도 없었죠. 그런 그에게도 졸업연도 학기말시험이 다가왔습니다. 미나토가와고교에서는 시험문제 범위를 프린트해서 사전에 나눠주게 되어있습니다. 다른 교실에서 수업을 끝내고 교무실로 돌아가려고 복도를 걷고 있는데 그가 쫓아왔습니다.

차별은 양쪽에서 뛰어넘어야만 한다 ——

김시종 그때까지 일체 반응을 보이지 않았고 눈도 마주치치 않았던 그가 "선생님, 프린트물 줘"라고 말하는 것입니다. 나는 내심 "왔군!" 하고 외쳤습니다. 반응을 애써 일체 보이지 않고 천천히 걸었죠. 구로키 군은 재차 "프린트물 줘"라며 따라왔습니다. 나는 교무실 문을 열면서 "내버려 둬" 하면서 들어갔습니다. 구로키는 화를 냈죠. "이 꼰대. 죽여 버릴 거야" 하고 거칠게 말하고 문을 부술 듯 열어젖혀서 거기에 있던 우산꽂이를 들어 흔들며 "학생이 공부하겠다는데 내버려 둬가 뭐야"라고 하며 덤벼들었습니다.

나는 맞섰습니다. "때리려면 때려 봐. 첫째 내게 화낼 자격이나 있어? 너는 4년간 몇백 번이나 '내버려 둬'라고 했지. 그런데 내가 딱 한 번 내버려 두라고 하니까 화내는 거야? 너희들은 내게 '내버려 둬'라 했지. 내버려 두란 말도 두세 번이 한도야. 다른 말이 없는 것도 아닐 텐데?"라며 부드럽게 말했습니다. 그는 우산꽂이를 쳐든 채 엉엉 울기 시작했죠. "말이란, 지하언어도 소중하긴 해. 몇백 년이나 네 조상이 써왔던 말이니까. 그러나 일반 시민 생활에서 보면 너희들이 쓰는 말투는 걸맞지 않은 말이기도 해. 지하언어를 소중히 하면서 일반 사람과도 말할 수 있는 예의바른 말을 배워야만 해. 한국어 수업이란 것도 일본어와 서로 비교해서 말의 소중함을 공부하고 있지. 말에는 그 말로 생활하는 사람들의 소중한 생활문화가 들어 있는 것이야" 하며 잘 타일렀죠.

울었어요. 교무실 모두가 울었어요. 그래서 변했습니다. 맞서는 일은 무서워요. 얻어맞으니까. 경우에 따라서는 목숨이 걸려 있죠. 그러나 관계가 잘 맺어지면 물건을 던져도 비껴서 던져요. 그 정도까지 되면 넘어갈 수 있습니다. 차별은 양쪽에서 넘어야 해요. 에고는 차별하는 쪽에만 있는 것이 아니라 차별받는 쪽의 에고도 있어요. 피차별은 결코 정의가 아니죠. 차별받는 쪽의 에고는 한층 더 넘기 어려운 에고입니다. 비뚤어진 에고죠.

나는 재일한국·조선인으로서 민족 차별을 거론한 일은 없습니다. 재일한국·조선인이 일본인의 처사로 인해 불행하다면 문제는 간단합니다. 그런데 그렇지 않습니다. 일본인 1억 2천만 모두의 참회를 얻어내 봤자 조선인 문제는 조선인의 문제로 남습니다. 일본인으로부터 가혹한 처사를 당하는 것보다도 동족끼리 서로 반목하고 으르렁거리고 농락하고 서로 욕하는 것이 꽤나 뿌리 깊은 업보입니다. 내가 쭉 「재일을 산다」고 말해온 것은 그것입니다. 우리들의 에고는 우리들 자신이 극복해야만 한다. 그렇지 않으면 분별 있는 일본인까지 입을 다물어 버립니다.

조선인이 '일본이 조선을 36년 동안이나 식민지 통치를 했다'고 대놓고 말해 버리면 일본인은 입을 다물 수밖에 없죠. 그런 정의를 내세워서 자신에게 무슨 도움이 될지.

나는 차별용어 같은 것을 걱정한 적이 없습니다. 말은 전후 관계 속에서 그 단어의 의미를 따져야 하지 특정 단어 하나만을 집어들어 차별용어라 하는 것은 말도 안 됩니다.

한평생 잊지 못할 경험 ———

김시종 정말 친한 사이가 되면 말을 함부로 하게 되죠. 정중어란 풍파를 일으키지 않지만 결코 인간관계를 밀착시키지 않습니다. 지하언어에는 정중어가 없죠. 다른 사람을 사이에 두지 않는 친밀한 언어이므로 비난받을 일도 없어요. 그런 만큼 일반인에게는 조잡한 느낌을 주기도 합니다. 새삼스러운 말 같지만 언어교육의 중요성을 다시 생각하게 합니다.

사타카 인간과 말과 차별의 본질로 다가가는 말씀이군요.
한국어 수업은 그 후, 지금까지 확산되었습니까?

김시종 미나토가와고교는 지금도 한국어 수업을 계속하고 있습니다. 효고에서는 아마가사키(尼崎)공업고교가 선택입니다. 전국 고등학교에서는 300개교가 한국어 수업을 채택하고 있다고 들었습니다.

사타카 그것은 문부성이 인정하고 있습니까?

김시종 물론 인정되는 수업입니다만, 대부분은 선택과목입니다.
내가 했던 한국어 수업은 책을 읽거나, 읽고 쓰기가 수월할 정도
의 단계까지는 가지 않았습니다. 그러나 "조선"에 대해 무관심할
수 없는 사회인이 되고 있다고 자부하고 있습니다. 그것이야말로
인간 대 인간으로 서로 부딪친 15년이었으니까요.
지금도 내가 어딘가에 강연하러 가면 굉장히 먼 곳에서 어린아
이를 데리고 오는 미나토가와고교 OB가 있곤 합니다. 지독하게
속 썩이던, 예전 부락의 누군가입니다.

사타카 부락 출신 학생들에게는 김 선생님이라는 조선인 교사를
만난 일, 깊은 교류를 한 일은 평생 잊기 어려운 경험이 아니었을까
요. 말씀을 들으면서 정말 그렇게 생각했습니다.

제 5 장

문학의 전쟁 책임

사소설의 문학 풍토가 전쟁을 예찬한다

사타카　상징적으로 말한다면 제 자신이 대립해 왔던 것은, 미시마 유키오라고 생각합니다.

김시종　미시마 유키오에 대해서는 아까도 말했지만, 이상하게도 일본에서는 미화가 되죠. 참으로 불가사의한 일입니다.

사타카　김 선생님도 미시마는 주적의 하나였습니까?

김시종　그의 스승 격인 사람이 가와바타 야스나리죠. 미시마가 가와바타를 동경한다는 것은 그도 그와 같은 체질과 감각을 가지고 있다는 뜻입니다. 가와바타가 노벨상을 받은 것도 일종의 이국(異國) 정서 같은 면이 평가받은 것이라고 생각합니다. 노벨평화상은 냉전시대, 소비에트 사회주의권과 대립시키기 위해 반공적인 사람들에게 주어졌지만요.
　가와바타의 문장은 정말이지 일본적 자연주의 문학의 교과서와 같은, 유려하게 맑고 깨끗한 문체죠. 나도 소년기에, 저런 일본어 문장이 아니면 안 된다고 생각했습니다.

사타카　김 선생님이 필사적으로 익힌 문체였습니까?

김시종　아니오, 잘못 생각하고 있었습니다. 사소설이란 자신과 관련된 것 외에는 쓰지 않죠.
　자질구레한 사회적 문제를 가지고 들어오면 안 되는 문학입니다. 학대받은 사람은 계속 학대받은 채로 있고, 계속 그 상태를 바꿔서는 안 됩니다. 메이지 이후의 근대문학은 기본적으로 그런 사상체계로 일관하고 있습니다.

일본에는 서정가라고 부르는 노래가 많이 있습니다. 저도, 아직도 눈시울이 뜨거워지는 노래를 많이 알고 있습니다. 노래하는 사람의 마음을 부드럽게 해주는 노래이자 그와 같은 생각에 빠지게 하는 '서정가'이므로, 전쟁 중의 병사들도 틈틈이 가족을 그리워하며 노래했을 것입니다. 그런 부드러운 노래가 몸에 밴 사람들이 중국을 침략해서 삼광작전(三光作戰)[1]이라 부르는 학살을 끊임없이 했습니다. 상상을 초월하는 잔학함에는 손을 대도, 상대의 고통이나 슬픔이나 분노에는 생각이 미치지 못했죠. 일본에서 말하는 서정이란 그런 것입니다.

다야마 가타이(田山花袋)가 소설은 어떻게 존재해야 할 것인가, 소설은 있는 그대로 묘사하는 것이라고 했습니다. 그럼에도 불구하고 15년 전쟁이 시작되자 가장 사적인 것에 집착해야 할 작가들이 가장 군국적인 글을 쓴 것입니다. 선두에 서서요.

사타카   그와 같은 것이 의식의 구조로서는 미시마 유키오에게까지 연결되네요.

김시종   그렇습니다. 미시마가 정말 무서운 것은 일본국헌법을 없애기 위해 자위대가 움직여야만 한다고 큰소리로 외치다 죽은 사

---

1) 중일전쟁 하에서 일본군이 저지른 잔학하고 비도덕적 전술에 대한 중국 측의 호칭. 삼광(三光)이란 소광(燒光, 다 태워)·살광(殺光, 다 죽여)·창광(搶光, 다 뺏어)을 말함.

람이라는 겁니다. 일본인이 해서는 안 될 가장 큰 일이 일본국헌법을 무시하거나 모독하는 일입니다. '자위대여 궐기하라'고 한 미시마는 일본국헌법을 부정했습니다. 그것을 일본의 문학계나 사상계는 떠받들 정도로 예찬하고 있죠.

나는 지금도 아베 수상의 뜻을 거스르는 일이 적은 것은 일본의 서정에 기인하고 있는 것이라 느끼고 있습니다.

아쿠타가와상의 전쟁 책임 ———

사타카 일본 소설은 사소설이 주류이고 거기에는 사회상이 거의 투영되고 있지 않죠.

가와바타와 동세대인 요코미쓰 리이치(橫光利一)[1]는 신감각파로서 실험을 통해 경제에 관해 쓰려고 했습니다. 요코미쓰는 유럽의 지성은 이자 계산을 할 줄 아는 지성이고 일본의 지성은 이자 계산을 못 한다고 말하죠.

김시종 사회의 움직임은 경제를 빼놓고는 생각할 수 없기 때문이니까요.

사타카 간단히 말하면 사소설에서 그려지고 있는 '나'라는 사람은 무엇으로 밥을 먹고 있느냐는 것입니다. 고등유민(高等遊民) 처럼,

---

1) 1898~1947. 일본 소설가, 평론가. 기쿠치 간에게 사사받고 가와바타 야스나리와 함께 신감각파로 활약함.

무엇으로 먹고사는 지도 모르는 사람들만 나옵니다. 그러나 사실 그것을 쓰지 않으면 사회를 반영하는 소설이라고 할 수가 없죠.

김시종 이와 같은 것은 사타카 씨와 이야기하고 있기 때문에 말할 수 있는 것일지도 모르겠습니다만, 나는 아쿠타가와상이 이 정도로 권위를 자랑하고 있는 데에 위화감 이상의 것을 느끼고 있습니다. 아쿠타가와상을 창설한 것은 기쿠치 간(菊池寬)이죠. 기쿠치는 문예춘추사(文藝春秋社)를 만들었지만, 문예로 익찬운동(翼贊運動)을 한 일 때문에 공직에서 추방되었죠. 전후, 문예춘추사는 전쟁 협력을 한 책임을 지고 해산되었는데, 문예춘추사에 '신'을 붙여 문예춘추신사라는 다른 이름으로 바꿔서 살아남았고, 그 후 다시 문예춘추사가 되어 지금에 이르고 있습니다.

기쿠치가 공직에서 추방된 것은 전쟁 중에 종군기자와 같은 역할을 하고 문예총후운동(文藝銃後運動)[1]을 계속 진행했던 일 때문입니다만, 그는 우리나라 문학에도 깊이 관여하고 있었습니다.

우리나라는 그때, 식민지 통치하에서 중일전쟁이 시작된 다음 해부터 우리말을 사용하지 못하게 되었고 우리말로 문학을 절대 할 수 없게 되었죠. 그 강제된 일본어 문학을 '황도(皇道)문학'이라고 배웠습니다. 황도문학을 추진·장려하고 고양시키기 위해 우리나라 최고 문학상인 조선총독부문학상이 만들어졌습니다. 그 가운데 국어(일본어)문예총독상의 제1회 수상자가 앞에서 말한 나카노 시게하루의 여동생을 속인 김용제입니다. 그가 쓴 『아시아 시집(亜

---

1) 1940년 기쿠치 간(菊池寬)의 발의로 설립되어 문학가가 익찬운동을 한 조직. 전국 각지에서 강연회를 엶. 이 발상이 문예가협회(文藝家協會) 등을 포섭한 신조직(후에 文學報國會)으로 이어짐.

細亜詩集)』이 제1회 총독상을 수상했습니다. 동남아시아에서의 일본군 전투를 예찬한 시집입니다.

그 조선총독부문학상 속의 조선예술상을 심사한 사람은 기쿠치를 필두로, 아쿠타가와상 심사위원이 주요 멤버였습니다. 즉 문예춘추라는 곳은 우리나라의 문학을 지워 버린 문예회사인 것입니다. 그들이 추진한 아쿠타가와상이라는 일본 문학의 신인상을, 매스미디어가 총동원해서 분위기를 고조시키죠.

사타카 문학의 전쟁 책임이란 뿌리가 깊어요. 정감을 선동했기 때문에 상당히 깊이있게 따져 들어가지 않으면 완전한 비판을 할 수가 없어요.

기쿠치가 주도한 펜부대는 일본문학보국회의 전신인데, 이 부분에 대해서 헨미 요(辺見庸)[1] 씨가 현재에 이르는 일본의 사상 풍토의 문제로서 깊고 날카롭게 지적하고 있습니다.

김시종 헨미 씨는 그야말로 온몸이 반골 덩어리 같은 분입니다. 글 쓰는 양과 질도 대단하지요.

사타카 분명히 근본적 저항 자세라는 의미에서 보면 비교할 상대가 없는 사람이죠.

김 선생님이 말씀하시는 조선예술상이, 아쿠타가와상 밑에 만들어진 것 같은 식으로 시작되었다는 것은 매우 중대한 지적이라 생각합니다.

---

1) 1944~. 본명 辺見秀逸. 일본의 작가, 저널리스트, 시인.

현재의 아쿠타가와상은 극단적으로 말하면 문예춘추가 앞으로 자기 회사와 함께 이득 볼 수 있는 사람에게 주는 상 정도가 된 것 같은 생각이 듭니다만, 아쿠타가와상의 그런 피로 얼룩진 성격을 계속 사람들에게 전해 가야 하겠죠. 그러고 보니 이시하라 신타로(石原真太郎)도 꽤 오랫동안 아쿠타가와상 심사위원이었네요.

김시종 나이가 나이니 만큼 늙어서 추해진 것은 당연하지만, 이시하라는 사고력도 국가주의적 독선도 노추(老醜)라고밖에 말할 수 없어요. 그 사람은 왜 저렇게 논리가 얽히고설키었을까요. 그가 세상에 드러난 것은 『태양의 계절(太陽の季節)』을 썼기 때문이죠. 전전이었다면 절대 그런 작품은 발표할 수 없었겠죠. 발기해서 장지문을 찢기도 한다니, 전후 민주주의 교육 속에서 공부할 수 있었기 때문에 그런 것을 쓸 수 있었을 텐데, 어째서 자유롭고 편한 교육체계가 그의 혐오대상이 되는 것일까요. 일본국헌법을 '추하다'고까지 악의적으로 말하니까요. 자신에 대한 부끄러움이 없는 사람이라고 생각할 수밖에요.

사타카 저는 이전에 『이시하라 신타로의 노쇠(石原真太郎の老残)』라는 시평집을 냈고, 최근에는 『이시하라 신타로를 위한 조사(石原真太郎への弔辞)』라는 책을 냈습니다(웃음).

루쉰은 민중을 간단하게는 신용하지 않았다 ──

김시종 오사카문학학교 출신인 현월(玄月)이라는 작가가 재일동포

를 그린 소설 『그늘의 집(陰の棲みか)』으로 아쿠타가와상을 받았습니다. 그의 축하파티에서 무슨 말을 하라고 하기에 "자네에게는 지금 수난이 기다리고 있다. 자네의 문학은 가부간에 편집자의 의향을 따라야만 하게 될 것이다. 자네는 재일동포에 대한 것을 써서 밝은 빛 속으로 나올 수 있었지만, 반드시 편집자의 의향이 개입되어 자네가 쓰고 싶은 대로 쓸 수 없게 된다. 그리고 멋진 문장을 쓰게 되겠지. 그것도 일본적인 자연주의 문학의 전통적인 정교한 문장력으로. 근대문학 초창기부터 문학의 권외로 버려진 조선의 근대문학을 만약 자네가 의식하게 되었을 때에, 자네에게 어떤 변화가 일어날까. 자네에게는 지금 글 쓰는 고난이 기다리고 있다."고. 그리고 "조선인이 아쿠타가와상을 받은 것을 결코 드러내놓고 기뻐할 일은 아니다."라고. 국어문예총독상 이야기도 했습니다.

국어문예총독상(상금 1,000엔. 지금 가치로는 집 한 채를 사고도 남을 금액입니다)은 1943년 1월에 만들어졌는데, 이 총독상보다 먼저 만들어진, 팔굉일우(八紘一宇)[1]의 황도정신에 입각한 예술을 표창하는 조선예술상(1939년 10월 만듦)을 발전적으로 격상 시켜 만든 상이었습니다. 더욱이 이 예술상은 자금 제공을 자청한 기쿠치의 의향에 따라 주식회사 모던일본사(モダン日本社)가 설정하고 있었던 것으로, 문학의 심사 결정은 아쿠타가와상 심사위원에게 일임했습니다. 이 기획은 관행이 되어 국어문예총독상에도 이어지고, 의견을 묻는 식으로 상이 결정되었습니다. 제1회 총독상 수상은 앞에서 말한 일본

---

1) 온 세상이 하나의 집안이라는 뜻으로, 일본이 침략 전쟁을 합리화하기 위하여 내건 구호.

에서 프롤레타리아문학의 시인으로 널리 이름을 알린 김용제의 『아시아 시집』에 주어졌습니다. 「대동아공영권(大東亞共榮圈)」의 성스러운 업적을 입을 모아 칭송한 시집이었습니다.

사타카 김 선생님의 연설에 현월 씨는 어떻게 답했나요?

김시종 자신을 격려해 준 말로 받아들이겠다고 대답했습니다. 도쿄에 갔지만 오사카로 되돌아와서 바를 경영하고 있다고 들었어요. 오사카에는 문학하는 사람이 도쿄처럼 많이 없어요. 그렇지만 그의 그런 체험이 언젠가는 독특한 작품을 낳을지도 모르겠습니다.

재일한국·조선인이 여전히 일본에 계속 산다는 의미를 그도 발견해야만 해야겠죠. 거기에 집착하면 그는 재일정주자인 조선인 작가로서 글을 써나가게 될 것입니다. 틀림없이 위상이 뚜렷하게 될 것입니다.

사타카 저는 지금의 문학 동향에는 어두워서 오로지 루쉰(魯迅)에게 계속 끌렸습니다.

김 선생님의 루쉰과의 만남을 듣고 싶습니다.

김시종 나는 학식이 너무 얕아서 루쉰에 대해서는 상식 정도밖에 모릅니다. 그러나 아주 존경하고 있어요.

전후 해방된 직후, 나를 민족문학으로 가는 데 각성을 준 시인으로 이육사가 있습니다. 루쉰에 심취하고 루쉰과의 교제도 깊습니다. 그는 독립운동에 뛰어든 시인이었는데, 「루쉰 추도문」의 문장 속에서 루쉰이 청년들에게 너무 날뛰지 말라고 훈계한 말을 평가합니다. 『조선과 일본에 살다』라는 내 책 속에서 그 내용을 소개했습니다.

그것을 봐도 루쉰은 상당히 사려 깊은 사람이었다고 생각합니다. 그리고 발상이 아주 시적입니다. 내가 가장 충격을 받은 루쉰의 말에 '벽을 부숴라!' 하고 질타하는 반어논법이 있습니다. 아편전쟁 이후의 무기력한 사회 풍조, 민중은 틀어박혀 있기만 하고 연기 자욱한 방에서 담배를 계속 피우고 있습니다. 그와 같은 동포의 모습을 얼마나 슬픈 심정으로 바라보고 있었는지를 엿볼 수 있었습니다. 당시 민족적, 국가적 상황에 입각해서 '창문을 만들라고 해도 만들지 않는다. 지붕을 부수라고 해야 그제야 작은 창을 만들 정도가 민중이다'라고 말하고 있습니다. 젊은 시절에 이 말을 들은 이후, 내 마음속에서 무슨 일이 있을 때마다 몇 번이고 반복해서 되뇌었습니다. 민중은 꼭 총명한 것이 아니다. 내가 루쉰에 대해 감명깊이 생각하고 있는 것은 민중을 여간해서는 신용하지 않는다는 것입니다. 『아Q정전』도 그렇지요. 민중에게 기대를 거는 것보다는 우선 자신이 움직이는 것이라고 말합니다.

또 그것은 말의 허와 실이라는 것이기도 합니다. 중국의 시는 백발삼천장(白髮三千丈)이라는 식으로 비유를 쓰는데, 그냥 과장하는게 아니라 기분 전달을 어떤 식으로 크게 잘 나타낼 수 있을까라는 표현상의 효과를 생각하고 있는 것입니다. 쉽사리 표정을 밖으로 드러내지 않는 중국 민중의 오랜 비애가 밑바탕에 깔려 있어서 과대하다 싶을 정도의 표현이 되죠. 그만큼 실질적 감정이 크게 작용하고 있다는 말이기도 합니다.

말이 얼마나 깊은 힘을 가지고 있는지를 밝혀내는 실험처럼, 루쉰은 비유 기법을 중시했습니다. 그것은 기교가 아닌, 내심의 분출이 언어가 되고 있다는 뜻입니다.

규범을 뒤집는 문학 ──

사타카 아까 김 선생님과 대화 가운데 남과 북 양쪽으로부터 짐을 짊어졌다는 말씀을 하셨는데, 루쉰도 '무거운 인습의 전통을 짊어지고'라 말하고 있습니다. 짐을 지는 일을 그냥 마이너스로는 끝내게 하지 않았죠. 루쉰은 '유산(流産)을 한탄하지 말라'고도 합니다. 유산이란 낳을 수 있다는 것에 대한 증명이라는 식으로 상식을 뒤집습니다. 김 선생님도 아코디언의 주름상자에 대해 썼는데, 희망이 주름처럼 되고 있습니다. 한 줄의 희망이 아닙니다.

김시종 루쉰이 살고 있던 시대는 그야말로 일본적 자연주의 미학이 융성했던 시절입니다. 중국에서도 문학을 하던 사람은 그 영향을 받고 있었겠고, 루쉰은 더욱이 일본 유학을 하고 있었으므로 시라카바(白樺)파 문학 등에서 일본어를 연마했겠죠. 그러나 루쉰은 일본적 자연주의와는 떨어져 있습니다.

그 사람은 전혀 통상적인 말을 쓰지 않습니다. 문장으로 표현하고자 할 때는 사타카 씨가 말씀하신 것처럼 통념을 완전히 뒤엎는 것이지요.

사타카 자연주의 문학의 시대는 일본이 또 중국 국민당과 한편이 되어 루쉰에게 덤벼드는 시대이기도 했죠. 루쉰은 그 속에서 100개가 넘는 펜네임을 사용해서 쓸 수밖에 없었습니다. 루쉰은 굴절

속에서 강한 말과 풍요로운 사상을 만들어내었습니다.

김시종　다른 사람에게 전해야만 할 말에 대해서는 아주 엄격하게 사용했군요.

사타카　루쉰은 중국에서 태어난 사람입니다만, 조선에서 태어난 사람으로 루쉰 같은 문학인은 없습니까?

김시종　루쉰이 너무 커요. 자아를 갖는 법, 사회 인식, 민중을 대하는 법 등에 대해서 꽤 많은 사람이 있기는 하지만, 루쉰과 같이 그 정도의 소설, 논고를 책으로 남길 수 있는 사람은 퍼뜩 떠오르지 않습니다.

　조선왕조 시대에 유교의 실학을 부르짖던 학자들이 있었습니다. 생활에 준한 유교의 가르침이 아니면 안 된다는 주장을 한 사람은 있었지만, 루쉰 선생님에게는 못 미칩니다.

사타카　루쉰은 유교가 어린아이를 포함한 민중에게 인종(忍從)을 강요하는 것이라고 말하고 있습니다. 유교, 일본에서 말하면 도덕이 지금 이상하리만치 왕성하지만, 그런 억압적 규범으로서의 유교를 안에서 독파하는 흐름은 조선에는 없었나요.

김시종　실학을 표방한 유학자들은 부모에게 효도하고 예의를 존중한다든가 믿음을 중시하는 구태의연한 학자들로부터는 소외당했습니다. 그와 같은 내용에 대해서는 저도 지식이 얕아서 개략적인 것밖에는 말할 수 없습니다만, 역시 루쉰의 존재가 크다고 생각하니다. 루쉰이 쓴 것을 문학의 범주에서 생각하면, 오히려 현대문학에 가깝습니다. 논지를 세우는 방법이나 사물을 보는 방법이라든가.

나쓰메 소세키와 아시아사관 ───

사타카 루쉰은 나쓰메 소세키(夏目漱石)의 작품을 꽤 읽고 있었죠.

김시종 단어의 질로 보면 통할 점이 있을 것 같다는 생각이 들었습니다. 나쓰메 소세키는 반체제자의 면모도 있죠.

사타카 일본의 국민작가라고 합니다만, 박사학위를 거절하고 메이지 천황제 하에서 간통을 계속 그리기도 하고, 생각해보면 급진주의자의 면모도 있어요.
　지금 문득 생각났습니다만, 아쿠타가와상은 있어도 소세키상은 없네요.

김시종 그렇군요. 아쿠타가와상이 아니라 소세키상이었다면 내가 예전에 식민지인이었던 사람으로서도 탄복했을 텐데요.

사타카 소세키와 모리 오가이(森鷗外)를 비교해서 오가이를 좋아한다는 사람도 많죠.

김시종 말하자면 오가이는 군국주의의 우두머리 같은 사람입니다.

사타카   군의총감이니까요.

그렇지만 『만주 한국 여기저기(満韓ところどころ)』 등을 읽으면 소세키도 아시아에 대한 편견을 가지고 있던 사람이기도 하다는 생각을 합니다만.

김시종   그 시대니까 그렇죠. 즉 메이지유신 이후, 일본의 근대문학이 시작되는 단계에 아시아사관은 일본에서는 아직 확립할 정도가 아닌, 아시아가 배양해왔던 비축분을 고찰조차 하지 않았습니다. 그보다도 일본의 해외 진출처로서 아시아가 부상해 버렸죠. 그런 감각이 고루 미친 시대였기 때문에 나쓰메 소세키도 그 제약에서 자유롭지는 못했다고 생각합니다.

사타카   사와치 히사에(澤地久枝)[1] 씨와 「세대를 뛰어넘어 말로 전하고 싶은 전쟁문학」이라는 주제로 대담 했을 때, 김사량(金史良)을 한번 다룰 예정이었는데, 나는 그의 작품을 거의 읽지 않았습니다. 나는 사와치 씨에게 잔소리를 자주 들었습니다. 공부가 부족하다고.

김시종   『빛 속으로(光のなかに)』가 제10회 아쿠타가와상에서 차석으로 뽑힌 작품입니다.

사타카   김사량이 일본에 있었을 때에 쓴 재일문학의 선구적 작품이라 불리는 것이죠. 김사량을 김 선생님은 어떻게 평가하세요?

---

1) 1930~. 일본의 논픽션작가.

김시종 나도 일본에서 살고 일본어로 글을 쓰고 있는 사람 중의 한 사람이기에 나에게는 역시 대선배이고 선구자입니다. 시라카바파적인 일본어가 아니지만, 정말로 숙달된 일본어입니다. 『빛 속으로』에서 보듯, 조선인을 어머니로 둔 비뚤어진 느낌의 소년을 '나'라는 주인공이 따뜻하고 때로는 엄격하게 꿰뚫어 보고 알아차려 가는 작품입니다. 그러나 그 소년은 일본어로밖에 작품 활동을 할 수 없는 일본인화 된 작자, 즉 자기를 꾸미지 않으면 빛 속으로는 갈 수 없는 작자 자신과 겹치는 존재이기도 합니다.

한국전쟁으로 행방불명이 된 김사량 ──

김시종 식민지 조선에서 황국소년으로 자란 나에게는 김사량의 많은 작품 속에서도 『빛 속으로』는, 특히 자신과 같다고 생각되는 작품입니다. 이 작품에는 작자의 학생시절 세틀먼트 활동[1]과 구류(拘留) 체험이 그 배경에 있고, 주인공인 '나'는 그대로 작자의 분신입니다.

세틀먼트 활동은 계급운동과도 깊이 연결되어 있는 자선사업이었기에, 그곳의 봉사자는 특별고등경찰이나 각 경찰서의 조선인 담당계에게는 당연히 바람직하지 않은 인물로서 그들의 감시를 받는 사람들이었습니다. 그것을 잘 알면서 주인공을 세틀먼트 활동의 봉사자로 설정한 김사량의 의지력만큼은 새삼 놀라울 따름입니

---

1) 인보사업(隣保事業). 생활 빈곤자가 많은 지역에 들어가서 주민과의 인간적인 접촉을 통해 생활 향상을 도모하는 사회운동.

다. 『김사량전집(金史良全集1)』의 해제를 쓴 임전혜(任展慧)는 "한 소년을 축으로 해서 소년의 부모와 '나' 속의 민족문제를 냉철한 눈으로 추구함으로써 비인간적 억압과 차별이 얼마나 인간을 비뚤어지게 만드는 것인지를 자세히 조명한 것입니다. 우선 〈정순〉(소년의 어머니)의 비참한 모습에는 식민지 근성에 좀먹은 인간성 파괴의 공포가 전면에 등장하고 있다"고 말했습니다.

치안유지법 하의 경찰 권력, 헌병대 등의 신변 조사가 자신에게 이르렀다는 것을 재빨리 알아챈 김사량은, 귀성을 빙자하여 일본을 탈출해서 만주 서북항일조직으로 들어가 일본의 패전 때까지 항일운동을 했습니다.

해방이 되자 북한으로 돌아가서는, 작가 동맹의 요직에 앉았습니다. 한국전쟁에서는 종군기자로서 르포르타주를 몇 편 썼지만, 김사량의 그림자는 이미 찾을 수도 없는 '기록문학'뿐입니다. 얼마나 심한 고충을 떠안고 김일성 사상체계를 신봉한 작가가 되었을지를 생각하면 가슴이 아픕니다. 심지어 김사량의 말기는 비참했습니다. 맥아더 원수의 인천상륙작전으로 전세가 역전되고 북으로 도망가는 인민군들을 놓친 김사량은 그대로 행방불명이 돼 버렸습니다. 확실하지는 않습니다만, 강원도 원주 부근 산속에서 숨졌다고 합니다. 유골에도 온통 풀이 무성하겠지요.

사타카 일본과 북한 두 나라에 대치하고, 농락당했다는 것이군요.

재일문학의 선구자라고 하면 우리들 세대는 김달수(金達壽) 씨가 떠오르는데, 김 선생님보다 나이가 많지요?

김달수 『일본 속의 조선 문화』 재고

김시종　나보다도 10살 가까이 많습니다. 김달수 선생님은 1920년 생으로, 나와는 혈육관계처럼 지냈습니다.

　그는 네리마(練馬)의 무밭 사이에 집을 지었고, 도쿄에 가면 달수 씨 집에 짐을 풀고 거기서 머물면서 일주일 정도 내 일을 보며 급하게 돌아다녔죠. 달수 씨도 오사카에 올 때는 부인과 함께 우리 집에 머물렀습니다. 그런 관계였죠.

사타카　『현해탄(玄海灘)』이나 『태백산맥(太白山脈)』은 당시 저도 비교적 인상 깊게 읽었습니다.

김시종　『현해탄』이 그의 대표작인데, 달수 씨가 『일본 속의 조선 문화』에 온 힘을 기울인 것은 일종의 소설에 대한 좌절의 표현이라고 생각합니다. 『태백산맥』이란 이승만 정권시대에 게릴라 활동의 본거지였던 지리산이 그 산맥의 주봉을 이루는 산인데, 미국이 내세운 이승만 괴뢰정권에 대한 저항의 계보를 쓰고 싶었던 것이라고 생각합니다. 달수 씨는 본국에 가야만 알 수 있는 것들뿐이어서 미칠 것 같다고 했습니다.

　『태백산맥』은 아마 2회까지 연재하다 한 번 중단했습니다. 감상을 묻자 역사적 사실에 얽힌 이야기가 너무 많다고 솔직히 대답했는데, 심기가 매우 좋지 않았습니다. 맥주잔에 금이 갈 정도로 격하게 계산대에 탁 내려놓곤 했지요. 그러나 "선생님, 고대역사 연구자와 같은 탐방은 그만두고 소설에 더 전념하시면 어떨까요"라고 계속해서 말했습니다. 그 후 조금 지나 달수 선생님과 시바 료타로

(司馬遼太郎), 우에다 마사아키(上田正昭) 등, 일본에서 저명한 문학자와 학자를 망라하여 교토에서 『일본 속의 조선 문화』라는 계간지를 내게 됩니다.

달수 선생님은 우리 나이로 11살 때 형과 함께 일본에 왔습니다. 아버지는 일찍이 돌아가셨던 것 같습니다. 할머니와 살고 있었죠. 경상남도 창원군 사투리가 몸에 밴 한국어였으므로 표준어는 할 수 없었습니다.

우에다 마사아키 씨가 제창해서 시작된 오사카의 축제에 한일 친선을 강조해서 가마를 메고 거리를 행진하는 「사천왕자 왔소(四天王子ワッソ)」가 있습니다. '왓쇼이'라는 구호는 한국어로 '왔소'가 아닐까라고 말한 것은 아마도 국어학자인 이가라시 지카라(五十嵐力) 선생님이라고 기억하고 있습니다만, 달수 선생님도 계속 동조하셨고 '왓쇼이'는 조선 문화의 잔영이라고 강조했습니다.

가마(神輿)에 백제에서 한자를 전한 왕인 박사로 분장한 사람이 타기도 합니다만, '왔'이라는 어간은 지금도 같은데 '소'라는 어미는 경어의 중간적 어미로, 정중어를 평상어로 한 듯한 종지형 어미입니다. 이와 같은 중간적인 어미가 널리 사용되게 된 것은 조선 초기 말쯤부터죠. 즉 '소'라는 어미는 그리 오래된 용어가 아닙니다.

이와 같은 예가 많이 있죠.

사타카 저는 김달수 씨의 조선 문화론은 나름대로 설득력이 있다고 생각했는데 충격적이네요.

한편 그분은 계간지 『삼천리(三千里)』라든가 계간지 『청구(青丘)』라는, 재일한국·조선인을 중심으로 한 여러 잡지를 계속 낸 창립자였다고도 알고있습니다만.

김시종　분명이 중요한 역할을 했죠.

　다만, 달수 선생님이 중심이 되어『삼천리』를 낼 때, 굉장히 소란스러웠습니다.『삼천리』는 이름에 걸맞는다고나 할까, 친일가(親日家) 중에서도 맹신적인 황도 친일가였던 김동환(白山靑樹)이 경영하고 있었습니다. 1942년 5월호부터 일본어로 문학 작품을 발표할 유일한 곳이 된『대동아(大東亞)』로 이름이 바뀐 잡지『삼천리』와 같은 이름으로, 복잡한 사연이 있는 잡지명입니다. 하필이면『삼천리』가 웬 말이냐며 서로 다퉜습니다. 나는 참가를 거부했지만 결국 억지로 하게 되어「이카이노 시집(猪飼野詩集)」이라는 연작시를 연재하기 시작했습니다. 그러나 그것도 10호로 중단되었습니다. 내가 중단시킨 것입니다.

북한의 김 씨 일가의 일족 지배에 대한 　——
선구적인 비판

사타카　10회로 중단했단 말은?

김시종　「이카이노 시집」의 10회째 원고는 3편 있었습니다만, 잡지가 나왔는데 1편만 실리고 나머지 2편이 실리지 않았습니다. 편집위원인 윤학준(尹學準)이 설명하러 왔습니다.

　그 무렵 마침 김일성 후계자 문제가 시중에 떠돌고 있었고, 아무래도 아들이 승계할 것 같다는 이야기를 서울의 통신기자를 통해 누구보다 빨리 들었습니다. 그에 대한 내용을「13월이 다가온다(13月がやってくる)」라는 작품으로 만들었습니다. 1년은 12월까지입니

다. 있지도 않는 달이 다가온다는 말로 후계자 문제를 썼습니다. 나는 실리지 않은 작품이 완성도가 높은 자신의 작품이었다고 해서 화가 났던 것이 아닙니다. 만약 그 시가 나왔다면 동포 작가 가운데 부자간 권력양위에 대해 표현자로서 한 사람 정도는 반대하고 있었다는 증명이 됐을 것입니다. 그것을 아무런 양해도 없이 싣지 않았다. 이유는 그것을 실었다면 조총련으로부터 항의가 들어와서 『삼천리』는 출판할 수 없게 된다는 것이었습니다. 항의문을 보내고 관계를 끊어버렸죠.

사타카　그러면 「13월이 다가온다」는 빛을 못 본 시네요.

김시종　예, 어딘가에 보관해 둔 게 있을 거예요. 후지와라서점(藤原書店)에서 나온 『김시종 컬렉션(金時鐘コレクション)』(2017년 12월 간행 개시) 제6권에 수록될 겁니다.

사타카　김달수 씨와는 가족같이 교제했다고 말씀하셨습니다만, 그렇게 해서 결렬되어 버렸다는 말씀이군요.

김시종　내 작품이 실리지 않은 것 외에, 다행히 김석범 형은 가세하지 않았습니다만, 그 후 『삼천리』 편집부 모두 전두환 정권, 그것도 계엄령에 반대한 광주시민을 국군이 무력으로 진압한 직후, 전두환 군사정권에 복종했다는 사실과도 일치하고 있습니다. 생각해 보면 「김달수 사학(金史學)」이라 해서, 주위에서 극구 칭찬만 받고 있던 달수 선생님의 『일본 속의 조선 문화』에 대한 집착 때문에 관계가 소원하게 된 계기가 되었던 것 같습니다.

'번짐'이 없으면 문화교류를 증명할 수 없다 ——

김시종　일본과 우리나라 사이는 가깝기 때문에 일본 문화에 우리나라의 흔적이 있는 것은 당연합니다. 말이나 음악에서도 정말 문화가 서로 뒤섞여 있고 서로 교류할 때에는 '번지는' 부분이 틀림없이 있습니다.

이것은 내 독특한 표현입니다만 양쪽이 접하면 접한 면에 번지게 됩니다. 그 번진 부분을 가장 잘 증명할 수 있는 것이 기간(基幹)언어라고 부르는, 음식물과 연관된 말입니다. 즉 물이라든가 곡물이라든가 독특한 음식물에 대한 호칭 따위입니다. 또 경계를 접해서 번진 곳에는 반드시 가무음곡이 공유하고 그렇지 않으면 비슷한 리듬감으로 서로 섞입니다. 그런데 일본과 우리나라 사이에는 그 번진 부분이 없습니다. 문법상 단어의 성립은 비슷합니다. 50음도 자음은 K음, 「가(か)」행부터 시작됩니다. 그러나 일본과 우리나라의 번진 부분을 증명할 수 없는 한, 문화가 서로 교류했다고는 할 수 없습니다.

일본의 음곡은 1·2, 1·2의 2박자가 기본적인 리듬입니다. 우리나라의 기본 리듬은 3박자지요. 말도 대개 3음 어조로 연결되어 있습니다. 아버지, 어머니처럼.

어운(語韻) 두 개의 용어도 조사로 연결하여 3음 어조로 고르게 되는 것이 보통입니다. '번진 부분을 찾을 수 없고 고어(古語)의 증명도 안 됩니다. 선생님이 하시는 것은 억지로 맞춘 언어유희와 같은 증명이 아닙니까'라고 말한 것 때문에 친밀한 교제는 끝나버렸습니다.

백제 이야기에서도 백제를 일본에서는 '구다라(くだら)'라고 하는

데 대해 달수 선생님은 '백제의 수도는 크도라(크더라! 라는 의미의 사투리)'의 찬탄이 '구다라'라는 설을 내걸고 있었습니다만, 우리나라의 역사학자나 언어학자는 거들떠보지도 않습니다.

　전라북도에 군산이라는 곳이 있습니다. 백제의 수도에 가까운 항구도시였던 곳입니다. 식민지 통치시대에 대량의 쌀이 일본으로 반출된 항으로도 알려져 있습니다. 이 항구의 선착장에 배를 붙들어 매는 돌을 고어로 '구드래'라고 말한다고 합니다. 백제의 군산에서 일본으로 건너온 사람의 입장에서 보면 출항한 항구를 그리워하여 '구드래'가 '구다라'가 된 것이 아닐까라고 하는 문장이 있고 나도 이 설에는 공감했었습니다. 현대인 오늘날에서부터 거슬러 올라가는 역사 검증도 필요합니다. 고대사에 연관되었기 때문에 그럴지도 모르겠습니다만, 태평양전쟁 종결 후의 현대사 고찰은 거의 안 되고 있죠.

사타카　일본과 조선은 고대 이후, 역사적으로 깊은 관계가 이어졌지만 일본의 식민지 지배 이후는 대등한 교류가 실종되어 버렸습니다. 그런 만큼 역사를 더듬어서 그곳에서부터 양국의 과거와 미래를 조명하는 작업은 앞으로 점점 더 중요하게 될 것이라고 생각합니다만, 김 선생님의 이야기를 듣고 있자니 김달수 씨의 사고와 논리에 머물러서는 안 될 것 같네요.

　앞으로 더욱 예리한 연구에 주목하고 싶습니다.

제 6 장

국가를 뛰어넘는 국가로

하나의 국가로 합쳐져야 된다는 생각 ———

사타카 제3장에서, 4·3사건 때 처참한 김 선생님의 체험담을 듣고 사회주의에 대한 말씀을 했습니다. 민중의 마음까지 지배하려 하는 관리 체제, 또는 반대로 한 사람 한 사람의 내심의 중요성을 고려하지 않는 전제(專制) 체제라고 말해도 좋을지 모르겠습니다만, 그와 같은 지배 체제가 사회주의를 망가뜨린 것은 아닐까 하고. 저는 그 경향을 파시즘과도 대조시키면서 말씀을 나누고 싶은데, 그와 같은 경향은 국가의 본질일 것 같기도 하다는 생각이 듭니다.

지금 이상한 내셔널리즘이 활개를 치고 있는 이 시대에서, 김 선생님은 '국가'라는 것을 어떤 식으로 인식하고 있는지 묻고 싶습니다.

김시종 근대 일본이 메이지 천황제 하에서 시작되었는데 우리나라는 근대화가 늦어졌습니다. 그리고 일본에 의한 식민지화 이후, 우리 민족이 하나의 국가로 합쳐진 적이 아직 없습니다. 1945년, 모처럼 해방을 맞았어도 남북 분단이 기다리고 있었을 뿐입니다. 그러므로 지금, 국가란 무엇인가라는 민주주의적 이념에 대한 물음 이전에, 하나의 국가로 합쳐진 적이 없는 일에 대한 우리 민족의 마음의 책임을 먼저 묻고 있습니다. 아니 계속 책임을 추궁당해야 할 오래 쌓인 과제라고도 말할 수 있습니다.

내 경우에도 우선은 하나의 나라다, 그 때문에 화합이 필요하다는 생각이 강합니다.

북한의 김 씨 일족 왕권체제의 내실이 확실해지고 나서도 한국은 군사독재정권이었습니다. 한편, 북한측에서는 일정기간 남북공동연방제를 해보면 어떨까 하는 안이 1960년 이래로 제시되었습니다. 그런 과정을 거쳐 왔기 때문에, 지금 핵 보유를 과시하고 있는 북한과 어떻게 마주해야 할 것인지, 같은 민족이라면 한층 더 깊이 생각해야 할 초미의 문제로서 눈앞에 놓여 있습니다. 북한과는 호불호를 따지지 말고 대화의 길을 찾아내야만 합니다.

'개인과 국가'라는 대비라든가 '민족과 국가'의 관계에 대한 고찰 등은 말씀하신 대로 당연히 주시해야 할 세계적인 문제이고 과제라고도 할 수 있습니다. 유럽에서 대두하는 우익, 인권 경시, 국가주의적 일국(一國)주의, 배타적인 난민 거부, 특히 아베 정권하에서 벌어지는 일본의 전전 회귀 풍조 등등. 이와 같은 세계적인 역풍 속에서 북한의 핵을 탑재한 탄도미사일 발사 과시가 미국과의 일촉즉발의 위기를 내포하여 클로즈업되고 있습니다. 많은 나라가 북한의 무법적인 태도를 비난하고 미국 쪽에 서 있습니다. 그 필두에 일본의 아베 수상이 있습니다. 마치 민주주의의 수호신인양 좌충우돌하고 있습니다. 우스꽝스러울 따름입니다.

그러므로 민주주의는 다시 검증해야만 할 인류보편의 이념이겠지만 그와 같은 커다란 테마 때문에 완전히 손을 놓은 상태에 빠져 있는 것이, 남북으로 분리된 채로 있는 조선 민족의 귀일(歸一) 사고입니다.

사타카　다만 김 씨 왕조로서도 현실적으로는 민족을 물어 찢는 것으로서 국가가 앞장서고 있다는 것이군요.

김시종　국가 권력을 잡은 사람은 민족을 통치하는 것이라고 생각하고 있는 것이죠. 북한의 '위대한 권력자'는 국민을 지도하고 이끌

어간다고 말씀하시고 계십니다(빈정대는 말투로).

사타카 국가가 형성될 때, 또는 강화될 때에 민족을 이용하는 움직임이 반드시 있네요.

김시종 이미 많은 독재자들이 그대로 실증해왔죠.

핵 문제만큼은 북한 주장이 이치에 맞다 ——

사타카 그러면 국가에 대해 묻기 전에 지금의 아베 정권하에서 아주 곤경에 처해 있는 북한과의 대화라고 하는 과제에 대해 김 선생님의 전망을 듣고 싶습니다.

김시종 이 문제는 꽤 오래 꼼꼼히 말씀드려야만 하는데 박정희부터 시작된 군사정권이 30년 이상 계속된 가운데, 우선 독재정권이 사라져야만 한다는 소망이 있었습니다. 북한은 일족 왕권체제지만 정말로 북한 민중의 불행은, 정치라는 것은 민중의 의향에 따라 정해지는 것임을 모르는 데에서 초래되고 있다는 점입니다. 정치는 권력자가 좌우하는 것이라는 믿음이 민중에게 완전히 주입되어 있죠. 게다가 북한 국민은 신적인 김 씨 왕가 체제를 순혈 계승이라고도 말하고 있는데, 그 절대적인 권위 없이 국가는 성립하지 않는다고 믿는 지경에까지 이르고 있습니다. 전전의 천황숭배와 어딘지 비슷한 국가 체제입니다.

조금 더 이야기가 복잡해집니다만, 현재 미국과의 관계에서 북한은 민중을 전시 체제로 이끄는 데 성공했습니다.

　지난번 사타카 씨와 루쉰에 의거하여 이야기한 대로 민중은 결코 총명하지 않습니다. 민중은 어떤 한 방향이 정해졌을 때, 믿을 수 없는 힘을 발휘합니다. 군국주의 시대의 일본도 그랬고 러시아 혁명처럼 농노제(農奴制)와 군주제를 폐지하여 사회주의국가를 만들 때의 에너지도 어떤 힘을 가지고 제압하려 해도 안될 정도로 강력했습니다. 그러나 민중이 국민이라는 종합체(總合體)가 되면 쉽사리 자각할 수 없죠.

　이 정도로 아베 정권의 실정이 계속되고 황당무계한 논법으로 안전보장 관련 법안을 밀어붙이고 공모죄도 그 수법으로 강행했습니다. 그렇게 해도 아베 수상의 인기는 그다지 떨어지지 않고 집권 여당의 지지율은 여전히 높습니다. 그 정도인데도 국민은 민주주의, 자유주의를 지킨다는 나라인 일본에 흠뻑 빠져서 만족해 하고 있습니다.

　나는 민중의 의식에 방향성을 갖게 한다는 의미로, 납치 문제에 대해 같은 말을 계속 반복해 왔습니다. 우선 일본은 한·일 수호조약을 체결한 것처럼, 북한과도 수호조약을 제기하여 회담을 실현시키고, 납치 문제 해결의 실마리를 풀어가는 식으로 북한과의 관계를 재검토해야 합니다. 압력을 넣는 것보다 미국과의 사이에서 중재자가 될 수 있는 일본임을 지금 한 번 더 생각해 봐야 합니다. 이와 같은 견해나 생각이 있다는 사실을, 매사에 분별력이 있는 사람들이 일상적으로 끊임없이 주변사람들에게 이야기하는 것입니다.

　여차하면 수소폭탄의 버섯구름이 극동 하늘의 일각을 덮을지도 모릅니다. 그 한복판에 일본도 존재하고 있음을 자각하여 호불호를 내세우지 말고 북한과의 대화의 장을 만들어낼 책무가 서로에게 있습니다. 전후보상, 납치 문제 등 일본에는 대화의 실마리를 풀 유효한 카드가 가까이에 있지 않습니까?

사실상 핵 문제에 관한한, 북한 쪽 주장이 이치에 맞습니다. 김일성 주석의 생존 시부터 북한은 미국에 대해 한국전쟁의 휴전협정을 평화협정으로 다시 체결하자고 계속 제기해왔습니다.

그렇게 되면 북한이 핵을 가질 이유가 없어진다고도 계속 말했습니다. 김일성에서 김정일로 바뀐 때에도 같은 말을 했고, 현재의 김정은도 서로 대화를 하면 우리들은 핵 문제를 생각하겠다, 그것은 할아버지의 유언이라고도 말하고 있습니다.

북한을 괴멸시키려 한다면, 일본도 파괴된다 ─

김시종 일본 미디어의 논조는 북이 도발하고 있다는 것입니다만, 도발이 아니라 미국에게 저 정도로 위협받으면 역시 마음의 준비를 하죠. 일본은 안보관련법 등으로 미국과 일심동체 태세이므로 일본에게는 북한으로 인한 '위협'이 될지도 모르겠습니다.

그러나 북한 입장에서 보면, 대규모 한미합동 군사훈련이 저 민감한 군사경계선 가까이에서 포연을 내뿜어왔던 것이에요. 미군 주도의 군사훈련이 시작된 것은 60년대 초부터입니다. 한미합동 군사훈련은 포드시대인 76년부터 시작되어, 많을 때는 연인원 30만 병력을 동원하는 훈련이었습니다. 올해(2017년)도 작년에 이어 김정은 '참수작전'이 두 번에 걸쳐 바로 며칠 전까지 계속되었습니다. 원자력 항공모함, 순항미사일 탑재 잠수함도 동행하고 있습니다. 김일성시대에서부터의 흐름에서 보면 도발은 오히려 미국이 하고 있다고 할 수 있습니다.

사타카 지도를 뒤바꿔보면 북한에는 일본, 그 뒤에 미국이 짓누르고 있죠.

김시종 말씀하신 대로입니다. 예를 들면 이런 예는 어떨까요. 소비에트연방이 붕괴되기 전, 북한과의 사이에 군사동맹이 맺어져 있었습니다. 안보조약과 같은 성격입니다. 만약 소련이 북한과 함께 연 20만 명 정도 합동 군사훈련을 니가타 앞바다 공해에서 반복한다고 칩시다. 물론 소련에는 원자력 항공모함과 잠수함도 있습니다. 그야말로 일본은 공황 상태가 되지 않을까요.

그와 같은, 아니 그 이상을 미국은 군사경계선 가까이에서 하고 있습니다. 북한이 온몸을 고슴도치처럼 감싸서 공격 태세를 갖추는 것은 무리가 아니죠. 그러므로 핵 문제를 말한다면 북한 쪽에서 미국에게 평화협정 체결을 제안했다는 사실, 그리고 북한의 제안을 미국에 연결할 수 있는 가장 유효한 존재가 일본이란 사실을 깨닫고 북한의 위협에 대처해야만 합니다.

식민지 통치가 끝난 후 70년 동안 북한과 수호조약이 체결되지 않고 있는 것은 일본뿐입니다. 나는 전문가가 아닙니다만, 아마 근대 이후에 전쟁을 치른 국가로서 반세기 이상 수호조약을 체결하지 않은 예는 없다고 생각합니다. 일본은 납치 문제도 있고 해서 북한과 직접 대화해야 하므로.

식민지 지배를 강제한 일본에서 북한과의 사이에 우선 국교정상화의 이야기를 하자고 제언해야 할 것입니다.

만약 일본이나 미국이 북한 체제를 물리적인 방법으로 제압하려한다면 북한을 파괴하는 일은 쉬울지도 모르겠어요. 그러나 북한은 혼자만 죽지는 않습니다. 반드시 일본을 끌어들이겠지요. 이와쿠니(岩國)부근, 동해에 가까운 원자력발전소, 요코스카의 미 항공모함 기지는 당연히 표적이 되겠죠. 북한이 수소폭탄을 보유하고 있는 것은 냉엄한 사실입니다.

국교정상화가 진행되면 반드시 새바람이 분다 ——

김시종 사태를 그와 같은 무서운 방향으로 추진해서는 안 됩니다. 아까 나는 북한 민중의 가장 큰 불행은 민중의 의향에 따라 정치가 결정된다는 것을 모르는 일이라고 말했는데, 만약 일본과 북한과의 사이에 국교정상화가 진행된다면 북한에 반드시 새로운 바람이 불 것입니다. 북한 민중은 열린사회가 있음을 알기 시작합니다. 이것이 각성을 촉구하는 큰 요인이 되죠. 민중은 김 씨 왕권 체제에 의심의 눈을 품게 됩니다. 한일수호조약 회담이 시작된 것이 한국 민주화투쟁의 계기가 되었는데, 그때부터 투쟁은 30년 계속되고 몇만 명의 학생, 청년이 목숨을 걸고 싸워 결국 3대에 걸친 군사독재 체제를 무너뜨렸죠. 일본과 북한과의 회담이 시작되면 북한에서의 라디오 다이얼이나 텔레비전 채널을 규제할 수 없게 되죠. 북한은 위대한 장군이 이끄는 나라라는 국민의 통념도, 위대한 장군이 한 사람도 없는 나라에서 더 편히 밥을 먹을 수 있고 여행도 할 수 있음을 알아차려 버립니다. 그것이 새로운 바람이 되는 것이죠. 새로운 바람은 시야를 트이게 하고 각성을 초래합니다.

트럼프 대통령의 둘도 없는 파트너를 자임하면서 아베 수상은 북한을 몰아세우고 군사제재만이 정당한 것인 양 말하고 있습니다만, 그와 같은 행동은 일본을 지키기는커녕 스스로 초열지옥(焦熱地獄)에 떨어지는 것을 인정하는 것과 같은 짓입니다. 대화 이상의 것은 없습니다.

사타카 즉 리얼리즘으로 그 방향을 선회하지 않으면 파국에 이를 수밖에 없다는 것이군요.

김시종 그렇습니다. 북한은 어떠한 사태에도 동요하지 않게 단단히 각오하고 있습니다. 자신들만 죽을 리 없죠. 절대로 일본을 끌어들입니다. 그들 생각 속에서는 일본과의 항쟁 상태, 매듭지어지지 못한 식민지 지배가 아직 계속되고 있는 것이죠.

사타카 그렇기 때문에 수호조약을 맺어야 한다는 이야기군요. 납치 문제도 거기서부터 해결의 실마리를 찾을 수밖에 없겠죠.

납치와 강제연행, 서로 대화할 계기로 ——

사타카 원래 아베는 납치 문제를 계기로 일본 사회에 만연한 내셔널리즘을 조장해서 힘을 얻은 측면이 있습니다. 한편 그들은 위안부 문제나 강제연행이라는 역사적 사실을 지워버리려 합니다. 가해의 체험을 마주 보고 반성하고 사죄하는 것이 왜 안 되는 사람들일까요.

김시종   나는 북한이라고 하는, 특정 국가에 의한 범죄를 용서하지 않습니다. 그것은 결코 강제연행과 같은 무게가 아닙니다. 그렇지만 나는 일본 사람들이 꼭 알았으면 하는 점이 있습니다. 고이즈미(小泉) 수상의 북한 방문으로 북한에 의한 납치 범죄가 명확해졌을 때, 일본 국민의 감정은 일본열도가 흔들거릴 정도로 격화되었습니다. 우리나라에서 강제징용 90만 명이라는 숫자는 교과서에도 실려 있습니다만, 강제 연행되어 행방도 모르는 희생자도 또 수만 명 있습니다. 열 몇 명의 납치로 국민 감정이 저 정도로 들끓었으니, 징용·연행된 90만 명 가족의 생각이 어떨지도 알 것입니다. 다른 사람에게도 관심을 가지는 일본인이었으면 좋겠습니다. 적어도 그런 계기로 납치 문제가 해결되면 좋을 텐데 하고 쭉 생각했습니다. 그렇게 되면 쉽게 대화할 수 있는 계기를 만들 수 있습니다.

강제징용(구역할당으로는 모자라서 얼마 지나지 않아 강제징용이 시작됩니다) 당시, 나는 그것을 나쁜 짓이라고는 생각하지 않은 황국소년이었습니다. 강제징용은 최말단 지역조직(隣組)[1]과 같은 시스템으로 할당이 옵니다. 제비뽑기를 하는 것입니다. 그 당시 나는 중학생이 될까 말까 할 무렵이었습니다. 이런 국가의 큰 사업에 무엇을 주저한단 말인가 하고 안타까운 생각을 가지고 있을 정도였습니다. 그 정도로 나는 구제불능이었습니다.

몇 번이나 봤죠. 농번기의 점심시간 전을 노려서 뚜껑이 없는 트럭 두세 대가 밭두렁을 막습니다. 그리고 감자를 던져 넣듯이 남자들을 잡아가 버렸습니다. 일본의 탄광으로 간 사람은 그나마

---

1) 제2차 세계 대전 당시, 국민을 통제하기 위해서 만들어진 최말단 지역 조직.

다행이었죠. 3년 일하면 일단 돌아올 수 있는 경우도 있었으니까요. 그러나 동남아쪽으로 끌려간 사람들은 모두 행방불명되었어요.

사타카　강제연행 문제나 위안부 문제에 대해서 일본 저널리즘에게 필요한 일은, 역사적인 사실을 더욱더 파헤쳐야만 한다고 생각하고 있고, 『아사히신문』이 현재의 극단적 내셔널리즘의 분위기에 굴복해 버린 일은 정말로 유감입니다.

휴전협정을 평화협정으로　　　　　——

김시종　한국의 위안부소녀상 문제가 있죠. 나는 이단(異端)적인 일본인이 한 사람쯤 나타나지 않을까 하고 계속 주시하면서 기다리고 있습니다. 누구랄 것 없이 한 일본인 여행자가 그 소녀상 발밑에 꽃 한 송이를 놓아보세요. 당장에 바뀔 테니까. 한국 사람들 입장에서 보면 10억 엔 출연금이라는 것은 위자료를 던져준 것 같은 감정으로 받아들이는 것입니다. 한국인은 말이 많고 시끄러워서 금방 싸우려 한다고 말들을 하지만 실은 정이 깊은 사람들이죠. 어떤 한 사람의 꽃 한 송이로 한국의 국민 감정은 확 바뀝니다. 그런 일이 일어나기를 간절히 계속 바라고 있습니다. 소녀상이라 해도 특별히 주먹을 쳐든 것 같은 동상이 아닙니다. 눈에 쌍심지를 켜지 말고 소녀상을 우애의 소녀상으로 바꿔 생각하면 좋겠습니다.

사타카　처음에 말씀하셨던 '져서 다행이다'는 말과 연결되는군요. '져서 다행이다'라고 생각하고 싶지 않은 사람들은 위안부상이 눈에 거슬릴 수밖에 없겠지요.

김시종 두말할 것 없이 철거하겠죠. 내가 일본인이라면 꽃 한 송이 바치고 돌아오겠습니다. 이건 말이죠. 전파적 효과를 발휘합니다. 한국의 미디어는 놓치지 않습니다. 방방곡곡에 고루 미치죠.

사타카 '져서 다행이다'고 생각하는 사람들은 그 생각을 더욱 밀고 나가 예전에 일본이 한 일을 정확하게 돌아보고 이제야말로 가해 책임과 마주해야만 합니다.

김시종 일본인이 납치 문제를 자신들만의 비극이라고 받아들이지 말고 북한과 대화할 수 있는 담보라고 생각하여 대응해 간다면, 북한도 돌아섭니다. 핵 장비, 탄도미사일은 미국과 상대하기 위한 것이기 때문이죠.

사타카 대개 근본적으로는 미국을 포함해서 핵을 가지고 있는 나라가 '너희들만은 갖지 말라'고 말하는 모순이 있습니다.

북한을 둘러싼 지금의 정치상황에 대해 김 선생님만의 이상적인, 그러나 가장 현실적 제언을 해 주셨는데요.

그런 다음에, 끈질기게 개념적인 것에 집착하는 것 같습니다만, 김 선생님의 마음속에서는 민족은 민중과 겹쳐져 있는 것처럼 느껴집니다. 나 같은 사람은 아베 따위를 내세우는 이 일본이라는 나라에서 떠나고 싶은 생각이 있습니다. 민족을 빙자하여 내셔널리즘을 입에 올려 떠들어대고 그곳에 현실의 국가를 숨겨 버리는 것 같은 이 나라에서.

김시종　내 마음속 깊은 곳에는 하나로 합치고 싶다는 염원이 극에 달한 것 같은 생각이 듭니다.

사타카　그것은 민중의 집합체라는 것이라면 알겠는데, 그렇지 않고 국가라는 형태를 취한다는 이상(理想)인 걸까요.

　김시종이라는 희한한 시인은 이제까지 국가의 역학으로 인해 갈기갈기 찢겼다고 생각합니다. 조국과 일본, 남과 북, 재일과 조선……. 그렇게 찢겨진 것을 내면화시킬 수밖에 없었고, 그것과 싸우면서 독특한 표현을 만들어 오셨습니다.

　그렇기 때문에 국가에 앞서 민족이란 말씀을 하셨다고 생각합니다만, 한편으로 하나의 국가로의 귀일, 화합이 필요하다는 것은 어떤 것일까요? 김 선생님의 사상, 또 사상 이전의 생리에 입각해서 그 기준에 맞는 국가관을 다시 한번 말씀해 주십시오.

김시종　지금 사타카 씨가 그렇게 말씀하셔서 생각해 보니 60년대 초까지 나는 북한으로부터 배제되어야 할 인간으로서 강한 비판을 받았고 미칠 것만 같은 세월을 거쳤습니다. 그때 일본의 친구는 그런 '조선'을 버려 버리라고 했습니다. 우선, 창작하는 사람에게 예술과 국가는 언제나 대치하는 것이라고.

　그것은 개인의 자아라든가 사상의 자유에서 보면 조직이나 조국이라는 규범에 얽매임직한 존재체는, 말씀하신 대로 거기에 구애받으며 살지 않아도 전혀 상관없는 것이죠.

국가 지배를 깨뜨리는 공동체

김시종　그러나 조선의 식민지 통치는 직접 통치 36년, 그 이전에 강화도조약 전후부터 시작하면 70년 정도로 짧다면 짧습니다만, 그러나 근대 개화의 실마리를 푸는 단계에서 모든 것이 닫혀버렸다는 의미에서 보면, 당시의 시대 흐름에서부터 적어도 100년쯤 늦어졌습니다. 봉건시대의 무게를 짊어지고 자기의식의 개화를 볼 수 없는 상태를 만들어 버렸기 때문에.

일본은 메이지유신을 단행하여 한발 앞서 근대 개화를 했습니다. 그런 점에서 우리나라 입장에서 보면 선진국입니다만, 우리나라라고 해서 그런 계기가 없지는 않았습니다. 우리나라도 바로 곧 근대 개화가 틀림없이 이루어졌을 것입니다. 개화할 수 있는 싹을 잘라 버리고 개화할 기력을 없앤 것이 식민지 통치입니다. 그리하여 통치한 쪽만이 좋은 나라, 좋은 인간이라 해서 교육받고 인간 자체를 새로 만들었습니다.

나는 70년이 지난 지금도 무엇으로부터 해방되었을까 하고 자문하는 일이 종종 있습니다. 내가 읽거나 쓰거나 자신의 생각을 남기기 위해 익힌 습관은 종주국의 언어인 일본어입니다. 지금도 일본어를 사용하며 살고 있습니다. 게다가 보잘것없지만 글 쓰는 사람 축에 끼기도 하죠. 소년기의 자신을 완성시킨 일본어와 나는 아직도 관계가 끊어지지 않고 있습니다. 나는 무엇으로부터 해방된 것인가, 이 궁극의 물음이 지금도 가슴에 깊이 박혀있습니다. 내가 태어난 것은 1929년 1월이니까 기껏해야 17년의 식민지 통치입니다. 그러나 그 17년이라는 연수로는 측정할 수 없는 커다란 무게, 자신의 의식 그 자체가 일본인 듯한 의식을 짊어집니다. 나는 특히 일본어를 열심히 했던 인간입니다. 내 식민지는 정말로 뿌리가 깊습니다. 그런 자신이 살아온 자기 생성 과정에서 생각하면, 하나로 귀일한 국가에 자리 잡은 적도 없는 사람이 과연 국가를 버릴 수 있을까요.

일본공산당에 입당해서 문화 관련 조직책도 했습니다만, 그곳에서 학습한 마르크스의 유물사관을 철저하게 지키려면 이제까지 키워온 모든 것을 버려야만 했고, 일본 제국주의의 군국주의하에서 살아온 가운데 조선적인 것은 모두 버려야만 했습니다. 전후, 사회주의 제도를 동경했습니다만, 그곳에서 나는, 나를 일그러진 소년으로 만든 예전의 일본에 의해 버릴 수밖에 없었던 그 나라를 영원히 또 계속 버려야만 했습니다. 그런 만큼 나는 이론 이전의, 사상 이전의 근원적 소망이 있습니다. 그것은 "조선인" 그 자체에 내 자신을 귀일시키는 것입니다.

사타카 예전에 김 선생님에게 나라를 버릴 것을 설득한 일본인 친구와 저 또한 같은 위상에 있을지도 모르겠습니다. 다만 저는 김 선생님이 말씀하시는 것을 듣고 있으려니 조선 민족이 귀일하는 하나의 국가란, 현실 국가에 의한 지배를 깨뜨리는 새로운 공동체에 대한 소망처럼 느껴집니다.

전전·전중의 식민지 지배, 그리고 전후 사회주의에 대한 자각, 그러나 조총련에 의한 조직적인 비판……. 엄청난 갈등에 대처하면서 김 선생님의 사색은 깊어졌다고 생각하는데, 아까 북한과 마주 하는 법에 대한 제언만 해도 타개책이 보이지 않는 상황 속에서 여러 가지 일에 대한 중재자가 된다는 「재일한국·조선인의 사상」이 있기 때문에 설득력이 있었습니다.

분단은 어떻게 만들어졌을까

사타카 묘한 표현입니다만, 이 시대 속에서 김 선생님은 자신의 입장이랄까, 역할 같은 것에 대해 생각하는 것이 있습니까?

김시종 나는 일본에서 조직 제재를 받고 북한작가동맹으로부터는 배제돼야 할 인간으로 찍혀서 비판문이 실렸습니다. 조총련으로부터도 나쁜 사상을 가진 샘플로 취급당했습니다.

1959년 말, 북한으로 가는 귀국 제1선이 출발했습니다. 조총련은 북한의 국가 권위를 등에 업고 전성기를 구가하고 있었죠. 그 당시 나는 조직적으로 그리고 국가적으로 소외되어 있었음에도 불구하고 북한으로 빨리 귀국해야 한다고 생각하고 있었고 그 반면, 내가 지향하는 사회주의는 북한의 국가 체제와 같지 않다는 생각도 마음속에 계속 품고 있었습니다.

결국 북한으로는 돌아가지 않았습니다. 한국에도 돌아갈 수 없었죠. 그래서 나는 할 수 없이 예전의 종주국이었던 일본에서 살 수밖에 없었지만, 일본에서밖에 살아갈 수 없는 '나'는 누구일까? 어떻게 살아가면 좋을까 하고 고민하고 발버둥 친 끝에 암중모색하여 붙잡은 것이 「재일을 산다」라는 명제였습니다. 내가 하고 싶은 말은 조국에 대한 지향성을 저해하고 일본인화를 진행하는 민족허무주의의 폭론(暴論)이라고 해서, 조직적 비판은 더욱 격화되었고 동포 사이에서도 김시종의 망언이 최악이라고 외면받기도 했습니다. 그러나 1960년대 말쯤부터 「재일을 산다」는 말이 누구나 입에 올리는 일종의 상투어처럼 퍼졌습니다. 내가 내건 「재일을 산다」는 두 개의 조국, 남북 어느 쪽인가에 종속해서 사는 것이 아니라 일본에서 살아온 '재일한국·조선인'의 실존을 독자적 생활 문화로서, 남북 본국에도 접근해 갈 수 있는 민족 융화의 적극적인 전망으로 높여간다는 삶의 방식의 제창이었습니다.

재일한국·조선인의 생활 실존체의 선험성 ——

김시종　분단 대립은 당연히 재일한국·조선인의 생활에도 영향을 미칩니다. 민단과 조총련이 있고 민단이 점점 힘이 세집니다. 민단 쪽 사람과 조총련을 지지하는 사람이 마주하면 서로 적대시하여 으르렁대거나 서로 욕설을 퍼붓는 상태가 90년대 말까지도 계속되었고 지금도 동석하는 일은 없습니다.

　하지만 재일한국·조선인의 생활 실존체(生活實存體)란 정치신조가 다르고 남북의 대립을 안고 있으면서도 '재일한국·조선인'은 한 곳에서 함께 살아갈 수밖에 없었죠. 한 가정 속에서도 아버지와 아들의 국적이 다르고 형제끼리도 대립 관계에 있는 가정은 얼마든지 있었습니다. 그렇다고 해서 가족이 반목해서 사방으로 흩어지지도 않고 같은 곳에 삽니다. 민단 지지, 조총련 지지라는 구별이 있어도 같은 곳에 살고 똑같이 관혼상제도 같은 장소에서 함께 했습니다.

　반공이 국시인 한국, 일족왕권의 폐쇄적인 북한, 함께 있었다는 것만으로도 처벌받는 심한 대립 속에서도 재일한국·조선인은 '재일한국·조선인'이라는 한 곳에서 어쨌든 함께 살아왔습니다. 재일한국·조선인의 생활 실존은 민족 융화를 조성한 후에 실지로 선험성(先驗性: 먼저 경험·실험을 쌓는다는 의미로 내가 만든 말입니다)이 많은 가능성을 품고 있습니다. 이 재일한국·조선인의 생활 실존을 의식목적화해서 민족 융화의 전망으로까지 높여가는 의지적인 삶의 방식을 「재일을 산다」라고 말해 왔습니다.

아직도 시간이 많이 필요합니다만, 언젠가 우리나라는 반드시 통일이 됩니다. 통일은 동족의 생각만으로 실현되는 것이 아니라 통일국가가 수립되면 외적 요인과 내적 요인이 불가분의 관계에 놓입니다.

외적 요인이란 국제 정세이고 미국과 중국, 러시아, 일본의 동향도 가세합니다. 내적 요인은 문자 그대로 동족 간 대립의 질곡이 깊어져서 굳어있는 마음의 장벽, 그것을 어떻게 없애나갈 것인가 하는 동족 간의 문제입니다. 해방 후 70년 남짓 세월이 흘러버렸습니다. 그것도 다른 국가 체제 속에서 서로 반목해 왔기 때문에 사물에 대한 가치관, 세계관이 크게 바뀌어 버렸습니다. 진선미에 대한 인식이 달라졌다는 이야기입니다.

재일한국·조선인은 남북을 같은 시야에 넣을 수 있는 입지조건의 거처인 '재일한국·조선인'으로 살아왔습니다. 만나서는 안 되는 사람끼리 같은 장소에 있고 서로 나눌 수 없는 이야기를 원래의 목소리로 할 수 있고 동족끼리의 왕래가 생각대로 된다면 그것은 이미 실질적인 통일입니다. 국가 통일에 앞서 동족끼리 만들어낼 수 있는 민족 융화야말로 '통일'을 구현해가는 구체적 실천인 것입니다. 「재일을 산다」는 행동원리가 되기도 하는 것입니다.

민족적 통일은 실현 가능 ——

김시종 예를 들면 야키니쿠(불고기) 문화. 80년대까지는 조선인을 나쁘게 말하는 가장 경멸스러운 말로 '조선인은 마늘 냄새가 난다'고 했습니다만, 현재처럼 야키니쿠의 식문화가 일본에 널리 퍼지자 '마늘 냄새가 난다'는 이미 사어(死語)가 되었습니다. 내가 아는 바로는, 아랑곳하지 않고 나보다도 마늘을 더 먹는 일본 지인이 많습니다. 이 야키니쿠는 본국에까지 진출한 재일동포가 만들어낸 고기요리입니다.

문화라고 하면 사람들은 화려하고 지적인 것으로 생각합니다만, 문화라는 것은 근본적으로는 의식주라고 생각합니다. 보다 잘 입고 보다 맛있게 먹고 보다 좋은 집에 사는 일입니다. 만약 재일정주자의 선대들이 '마늘 냄새가 난다'는 말이 듣기 싫어 단무지나 장아찌 등, 절임 음식을 만들어 먹고 마늘 냄새를 멀리하려 했다면 야키니쿠라는 식문화는 만나지도 못했겠죠. 스키야키나 비프스테이크가 육식의 중심이 되고 틀림없이 소, 돼지의 대장은 버거운 것이었겠죠. 정말로 문화란 독자적인 것입니다. 그러므로 받아들인 사람들 사이에서 점점 진화해 가죠.

사타카 김 선생님의 '우리나라'라는 말에는 독특한 울림과 넓이가 있어요.

김시종 우리들이 쓰는 말에 '우리'가 있습니다. '우리'는 한국어의 독특한 복수의 단수를 나타내는 명사입니다. 내 나라, 내 집이라 할 때도 '우리나라, 우리 집'이라 하고, 일본어로 직역하면 '우리들의'

라는 의미입니다. '우리'의 어감에 가까운 것이 '우치(うち)'입니다.

사타카 「재일을 산다」는 것은 김 선생님에게 있어서 북의 책임과 남의 책임 양쪽을 떠맡고 그것을 장대한 플러스로 바꿔 가는 것이네요. 여러 책임을 짊어진 '재일한국·조선인'라는 존재가 국가를 넘는 미래의 '우리'=새로운 공동성을 만들어 낼 가능성을 품고 있는 것이 확실히 보였다는 생각이 듭니다.

김시종 감사합니다. 그렇게 받아주시면 다행입니다.

마치면서

나 같은 사람은 상상도 못 할 매우 가혹한 인생을 살아온 김시종 선생님의, 현재 이 조용한 모습은 무엇일까 하고 잠시 숨죽이는 시간이었다.

물론 잠들어 있는 화산이 눈을 뜨는 것처럼 때로는 마그마가 폭발한다. 88세의 노시인이, 젊은이처럼 홍조를 띠고 목소리를 높인다. 그러나 또다시 그 목소리는 정적으로 돌아온다. 그것은 김 선생님의 분노가 밖을 향한 것보다도 안을 향해 분출하고 있기 때문이다.

일본 혹은 일본어를 계속 증오하면서 그것으로 표현해야만 하는 모순은 이 시인의 내면을 좀먹었다. 청소년기에 한번은 사랑했기에 모순은 팽창하고 영원히 사라질 수 없는 것이다.

그 몸부림 속에서 김 선생님의 말은 시작되었고 그 시도 결정화(結晶化)된다.

이 대화 속에서 김 선생님은 반복해서 특히 와카(和歌)로 상징되는 일본적 서정을 혹독하게 비판하고 있다. 2008년 10월호인 『하이쿠카이』라는 잡지에서 대담했을 때에도 김 선생님은 "국민적 시라고 하는 하이쿠·단카를 하는 사람들은 아름다운 것이라든가 이것은 좋다고 생각하고 있는 것에 대해 공통적으로 같은 것을 느끼고 있습니다. 그 사람들이 일본 시의 절대적 다수를 차지하고 있는 것은 집권 여당의 절대 다수와 서로 겹쳐있다는 것입니다. 그 상태 그대로 체제 쪽인 것입니다." 하고 단죄했다.

그러나 이것은 김 선생님의 결의인 것이다. 김 선생님은 일본적 서정과 무연(無緣)하게 살아온 것이 아니라 겹겹이 그것에 둘러싸여 살아왔다. 거기에 김 선생님의 비판의 깊이가 있고 무시무시함이 있다. 김 선생님에게는 일본적 서정 비판은 남의 일이 아닌 것이다.

앞의 대담에서 김 선생님은 교류가 있던 하이쿠 시인인 스즈키 무리오(鈴木六林男)가 읊은 '무덤 앞에 오토바이 세우고 행방을 모른 다(墓の前オートバイ立て行方知れず)'를 들어 이렇게 말했다.

"이것은 음운성이나 계(절)어(季語)와는 전혀 관계가 없다. 어떤 정경, 상태를 잘라내고 있을 뿐. 그러나 연결고리가 없는 양자를 대치시킴에 따라 침묵의 깊이가 대단하다. 젊은 사람이나 중년이 뭔가 궁지에 몰려 오토바이로 거기까지 와서 행방을 모르게 되었다……, 7·5조가 아니고 자연을 노래한 것이 아닌 만큼 그대로 마음에 새겨져 버린다. 이 구(句)를 시로 쓰면, 몇 행을 들이면 같은 드라마를 쓸 수 있을까를 생각할 때, 하이쿠가 갖는 강점 같은 것을 생각하게도 합니다."

이 「재일을 산다」라는 대담은 김 선생님이 사는 이코마(生駒)에서 가까운 나라(奈良)에서 했다. 물론 4·3사건에 대해 김 선생님으로부터 처음으로 들은 이야기에도 충격을 받았지만 구체적으로 몇 가지 들면, 요시모토 다카아키를 둘러싼 이야기도 잊을 수 없다.

데라다 히로시가 가와이데쇼보에서 발행한 『문예』의 편집장을 맡고 있었을 때, 요시모토와 대담하지 않겠느냐고 말했다고 한다. 요시모토는 '해도 좋다'고 승낙한 듯하나 김 선생님은 '황송스러워서' 하며 거절했다.

그리고 그 이유다운 이유를 이렇게 고백했다.

"한때, 요시모토 다카아키는 반핵 운동을 비판하고 핵 억지력이라는 관점에서 핵 보유를 시인하고 있었죠. 내가 보는 바로는 그가 자아낸 방대한 양의 말은 장대한 공전(空轉)으로도 보입니다. 친근감이라고는 전혀 없습니다. 나는 먹고살지 못했던 시절에 대학 시간강사 자리를 얻었지만, 조총련이 방해를 해서 안 된 일도 있습니다. 하지만 아무 대학 도서관에 가도 추천 도서로 요시모토 다카아키가 올라 있어요. 그것은 일종의 사회적 지위랄까. 어떨까요. 정말로 그의 작품이 읽혀졌을까요?"

요시모토는 요시모토교의 교주라고도 불렸지만, 교주가 되는 그런 사람은 김 선생님의 친구가 아닐 것이다.

요시모토의 『모사와 거울』에 미시마 유키오가 격찬한 추천문이 실려 있는 것을 접했을 때, 나는 위화감을 금할 수 없었다.

미시마는 자살할 때 서투른 시를 읊었는데, 역시 일본적 서정을 지닌 사람이었다. 요시모토도 같은 부류여서 김 선생님은 그것을 민감하게 느꼈을 것이다.

김 선생님은 '시에 대한 기대와 인식'이 '우리나라'와 일본에서는 아주 다르다고도 말하고 있다. "시인은 사실을 말하는 사람. 권력에 굴복하지 않고 시대의 위기를 예견할 수 있는 사람'이고 '한 편의 시로 옥에 갇히기도 하고 사형되기도 하는 사람이 우리나라에는 시대의 전환기에 항상 있었다. 그러므로 민중은, 시인은 해서는 안 될 일에 절대로 가담하지 않는다는 존경 비슷한 것을 일찍부터 가지고 있다"고 한다. 그러므로 김 선생님은 시인이고 그 심오한 말씀을 듣는 역할을 자랑스럽게 생각하고 있다. 저는 독자와 함께 '고맙습니다. 김 선생님'이라고 말씀드리고 싶다.

사타카 마코토

2011년 2월, 우리 시단의 중견 여류작가인 허영선 시인과 함께 일본어로 시를 쓰는 시인 김시종 선생님의 이코마(生駒)자택을 방문했다. 키가 크고 마른 체격의 선생님은 내가 생각했던 것보다 훨씬 젊고 정정했다. 80대의 노익장이라고 하기에는 목소리에 힘이 느껴졌다.

당시 나는, 제주대학교에 건립 중인 재일제주인센터에 비치할 자료와 증언 등을 수집할 목적으로, 제주도 출신 재일동포(이 분들을 '재일제주인'이라고 부른다)들을 만나기 위해 바쁘게 일본을 왕래하고 있을 때였다. 평소 내가 만나 뵙고 싶었던 김시종 선생님은 친숙한 동네 아저씨나 삼촌 같은, 처음 만난 분 같지 않은 느낌이었다. 사모님이 차려준 정성스런 점심과 몇 잔의 술을 반주삼아 가벼운 세상이야기부터 시작했다. 그러나 그것도 잠시, 식사가 끝날 무렵 4·3의 이야기를 꺼내기 시작했다.

이야기가 진행되면서 선생님의 목소리는 메어갔고 통곡하며 눈물을 흘리셨다. 갑작스런 상황에 어찌할 바를 모르고 있던 나는 가만히 선생님을 바라볼 수밖에 없었다. 이 책에도 소개된, 4·3사건 당시에 가까운 친족의 죽음이 자신 때문이라는 자책의 눈물이었던 것이다. 짧은 만남의 시간이기는 했지만 세 시간 여 이상 축약된 선생님의 「재일(在日)」을 들을 수 있었다. 선생님의 이야기는 그 이전까지 만나왔던 사람들과 또 다른 류의 목소리였기에 가슴이 축촉해졌다.

이후 김시종 선생님과 나는 소박하지만 기회가 닿을 때마다 끈끈한 인연을 쌓기 시작했다. 제주도를 방문할 때면 선생님과 사모님, 지인들, 허영선 시인과 함께 전복죽이나 자리물회를 먹으면서 정을 나눠왔다. 2019년 제주포럼 '4·3과 경계－재일의 선상에서'라는 주제의 세션에서도 발표자와 토론자로 함께 하기도 했다. 2018년 2월, 선생님은 제주에서 이 책을 나에게 건네셨다. '바람은 바다의 깊은 한숨에서 새어 나온다'는 친필과 함께. 2년여 동안 찬찬히 이 책 속의 선생님의 목소리를 들으면서 파란만장한 그의 일생을 생각했다. 꼿꼿함과 당당함, 그리고 정의감과 사명감의 모습을.

김시종 선생님과 일본의 저명한 사회·문예비평가인 사타카 마코토 선생님과의 대담집인 「재일을 산다」는 모두 6장으로 구성되어 있다.

제1장 전전 회귀의 기점에서는 최근 일본에서 일고 있는 내셔널리즘의 풍토에 대한 신랄한 비판과 우려를 담았다. 식민지 치하에서 황국소년이었던 자신을 되돌아보고 최근에 벌어지고 있는 전전으로의 회귀에 대한 구체적 사례를 언급했다. 재일한국·조선인에 대한 혐오 발언, 서툰 일본어 사용을 조선인 식별 도구로 삼아 차별 수단으로 활용한 점, 전쟁의 역사에 대한 무지와 무시가 이와 같은 풍조를 만들었음을 예리하게 지적했다.

제2장 노래와의 싸움에서는 시인이 변함없이 취해야만 할 자세와 정감적 행동의 폐해를 강조했다. 특히 엔카의 본질에 대해 날카롭게 비판했다. 재일 작가인 양석일 씨와의 관계, 미시마 유키오와 가와바타 야스나리의 일본형 내셔널리즘에 대한 비판, 비판정신을 잃은 작가들의 현상을 따갑게 지적했다.

제3장 사회주의와 기도에서는 일본적 감성으로 해석해야 하는 '아니오(いいえ)'의 뉘앙스, 조선인의 특성, 재일제주인 원로작가 김석범 씨와의 관계, 일본어로 시를 쓰는 자신을 둘러싼 조총련의 탄압, 장편시집 『니가타』이후 조총련과의 절연과 「재일을 산다」는 명제의 출발, 제주 4·3사건의 트라우마와 '진혼굿' 배경, 사회주의 하에서의 국민 통제의 폐해와 그 결과물인 소비에트 연방의 붕괴 등을 설명하고 있다.

제4장 차별을 뛰어넘다에서는 부락 속의 고교 교사로 들어가서 벌어지는 각종 사건, 한국어교육에서 비롯된 학생들과의 갈등과 해결 등을 소개하고 있다. 또한 이 장에서는 일본사회의 차별에 대해 재일한국·조선인 스스로가 극복해야 한다는 강한 메시지를 전하고 있다.

제5장 문학의 전쟁 책임에서는 일본 문인들이 전쟁 중에 일본인들의 정감을 선동하였고, 일본국헌법을 부정해서 자위대 무장을 주장한 미시마 유키오의 미화 사례를 들었다. 재일 작가인 김사량의 문학에 대한 존경, 번짐이 없는 한일 간 문화의 비공통성을 지적했다.

제6장 국가를 뛰어넘는 국가로에서는 우리나라가 하나의 조국이 되어야 함을 역설하고 있다. 특히 북한과 일본과의 합리적 관계를 조성하고 개선해야 하는 이유, 북한에 의한 일본인의 납치에 대한 문제제기만이 아닌 식민지 시대에 희생된 조선인들을 생각하는 역지사지의 심경으로 문제를 해결을 해야 한다고 강조했다. 또한 종군 위안부 문제를 해결하기 위한 소시민적 발상, 자신이 말해온 「재일을 산다」는 남북 어느 쪽에 종속해서 사는 것이 아닌, 일본에서 살아온 사람들의 실존을 독자적 생활문화로 만들어 민족 융

화를 추진하는 방식으로 접근하였다.

이 책을 번역하면서 용어 정리에 어려움을 겪었다. '일러두기'에서도 밝혔지만 수차례 정독하면서 부분 부분을, 현실적인 독자의 눈으로 수정하였다. 조금 어색한 부분이 있어도 너그럽게 이해해주기 바란다.

이 책을 발간하면서 여러 도움을 받았다. 번역을 허락해주신 존경하는 김시종 선생님과 대담자인 사타카 마코토 선생님, 일본의 슈에이샤 출판사에 감사드린다. 선생님은 역자를 만날 때마다 항상 칭찬과 애정을 담아주셨다. 김시종 선생님에 대해 세세한 이해를 도와준 허영선 시인, 번역 원고를 꼼꼼하게 읽고 교정을 도와준 제주대학교 손영석 교수와 윤홍옥 교수께 진심으로 감사드린다. 마지막으로 이 책이 출간될 수 있도록 도움을 준 제주학센터(센터장 김순자), 보고사 김흥국 사장님과 직원 여러분께 마음을 담아 고마운 인사를 드린다.

2020년 12월
제주대학교 아라캠퍼스 연구실에서

수평사(水平社)선언

선언

　전국에 산재한 우리 특수부락민이여, 단결하자.

　오랜 시간 학대받아 온 형제여, 과거 반세기 동안에 여러 방법과 많은 사람들이 한 우리들을 위한 운동이 아무런 바람직한 효과를 가져 오지 못했던 것은, 그 모든 일이 우리들에 의해, 또 다른 사람들에 의해 언제나 인간을 모독했던 벌이었던 것이다. 그리고 이들 인간을 공경하는 것과 같은 운동은, 오히려 많은 형제를 추락시켰던 일을 생각하면, 이 기회에 우리들 안에서 인간을 존경하는 일을 함으로써 스스로 해방하려는 사람이 집단 운동을 일으키는 것은, 오히려 필연이다.

　형제여, 우리들 선조는 자유, 평등을 갈망하는 자이고 실행자였다. 비열한 계급 정책의 희생자이고 남자다운 산업적 순교자였던 것이다. 짐승의 가죽을 벗기는 대가로 생생한 인간의 가죽이 벗겨지고 짐승의 심장을 가르는 대가로 따뜻한 인간의 심장이 갈라지고 거기에 하찮은 조소의 침까지 내뱉어진 저주받은 밤의 악몽을 꾸는 가운데에도, 여전히 과시할 만한 인간의 피는 마르지 않고 있었다. 그렇다. 그리고 우리들은 이 피를 받아 인간이 신으로 바뀌려는 시대에 있는 것이다. 희생자가 그 낙인을 되던지는 시대가 온 것이다. 그 면류관을 쓴 순교자가 축복받는 시대가 온 것이다.

우리들이 백정인 것을 과시할 수 있는 시대가 온 것이다.

우리들은 반드시, 비굴한 말과 겁이 많고 나약한 행위로 인해 조상을 욕되게 하고 인간을 모독해서는 안 된다. 그리하여 인간 세상의 차가움이 얼마나 차가운지, 인간을 소중히 여기는 일이 무엇인지를 잘 알고 있는 우리들은, 마음으로부터 인생의 열기와 빛을 얻기를 바라고 그것을 예찬하는 것이다.

수평사는 이렇게 해서 태어났다.

세상에 열정이 있어라, 인간에게 빛이 있어라

강령

1. 특수부락민은 부락민 자신의 행동에 의해 절대 해방을 기약한다.
1. 우리들 특수부락민은 절대로 경제의 자유와 직업의 자유를 사회에 요구하고 획득을 기약한다.
1. 우리들은 인간성의 원리에 각성하고 인류 최고의 완성을 향해 돌진한다.

1922년 3월 3일
전국 수평사 창립대회

지은이 소개

김시종(金時鐘)

1929년, 부산 출생. 시인. 전후, 제주도 4·3사건을 피해 일본으로 옴. 일본어로 시를 쓰고 비평, 강연활동을 함. 저서『조선과 일본에 살다(朝鮮と日本に生きる)』(岩波新書)로 제42회 오사라기 지로(大佛次郞)상 수상.『들판의 시(原野の詩)』(立風書房) 외 저작 다수.

사타카 마코토(佐高 信)

1945년, 야마가타현 출생. 게이오대학 법학부 졸업. 고교시절에 경제지 편집장을 거쳐 평론가로.「주간금요일(週刊金曜日)」편집위원.『자민당과 창가학회(自民党と創価学会)』,『마루야마 마사오와 다나카 가쿠에이「전후 민주주의의」역습(丸山眞男と田中角栄「戰後民主主義」の逆襲)』(集英社新書) 등 저서 다수.

옮긴이 소개

이창익(李昌益)

1958년, 제주 출생. 제주대학교 일어일문학과 교수. 전공은 일본어학. 일본 유학시절에 만났던 재일한국·조선인들의 실상을 보고 학내의 재일제주인센터 건립을 주도함. 저서로는『在日コリアンの離散と生の諸相』(明石書店, 공저), 역서로는『無痛文明』(모멘토) 등 역·저서 다수.

제주학연구센터 제주학총서 49

재일(在日)을 산다
어느 시인의 투쟁사

2020년 12월 20일 초판 1쇄 펴냄

지은이 김시종·사타카 마코토
옮긴이 이창익
펴낸이 김흥국
펴낸곳 보고사

책임편집 이소희
표지디자인 오동준

등록 1990년 12월 13일 제6-0429호
주소 경기도 파주시 회동길 337-15 보고사
전화 031-955-9797(대표), 02-922-5120~1(편집), 02-922-2246(영업)
팩스 02-922-6990
메일 kanapub3@naver.com / bogosabooks@naver.com
http://www.bogosabooks.co.kr

ISBN 979-11-6587-134-5 03910
ⓒ이창익, 2020

정가 13,000원

이 책의 출판비 일부는 제주특별자치도 제주학연구센터의 지원을 받았습니다.